仁壽堂集

萨本珪 吴聿建 主编

海峡出版发行集团
THE STRAITS PUBLISHING & DISTRIBUTING GROUP
海峡文艺出版社

《仁寿堂集》编委会

· 萨镇冰90岁时燕居福州泉山仁寿堂

·仁寿堂是萨镇冰晚岁燕居之所，位于福州市鼓楼区中山路北端中山大院5号（20世纪50年代前址称：千古法地3号）

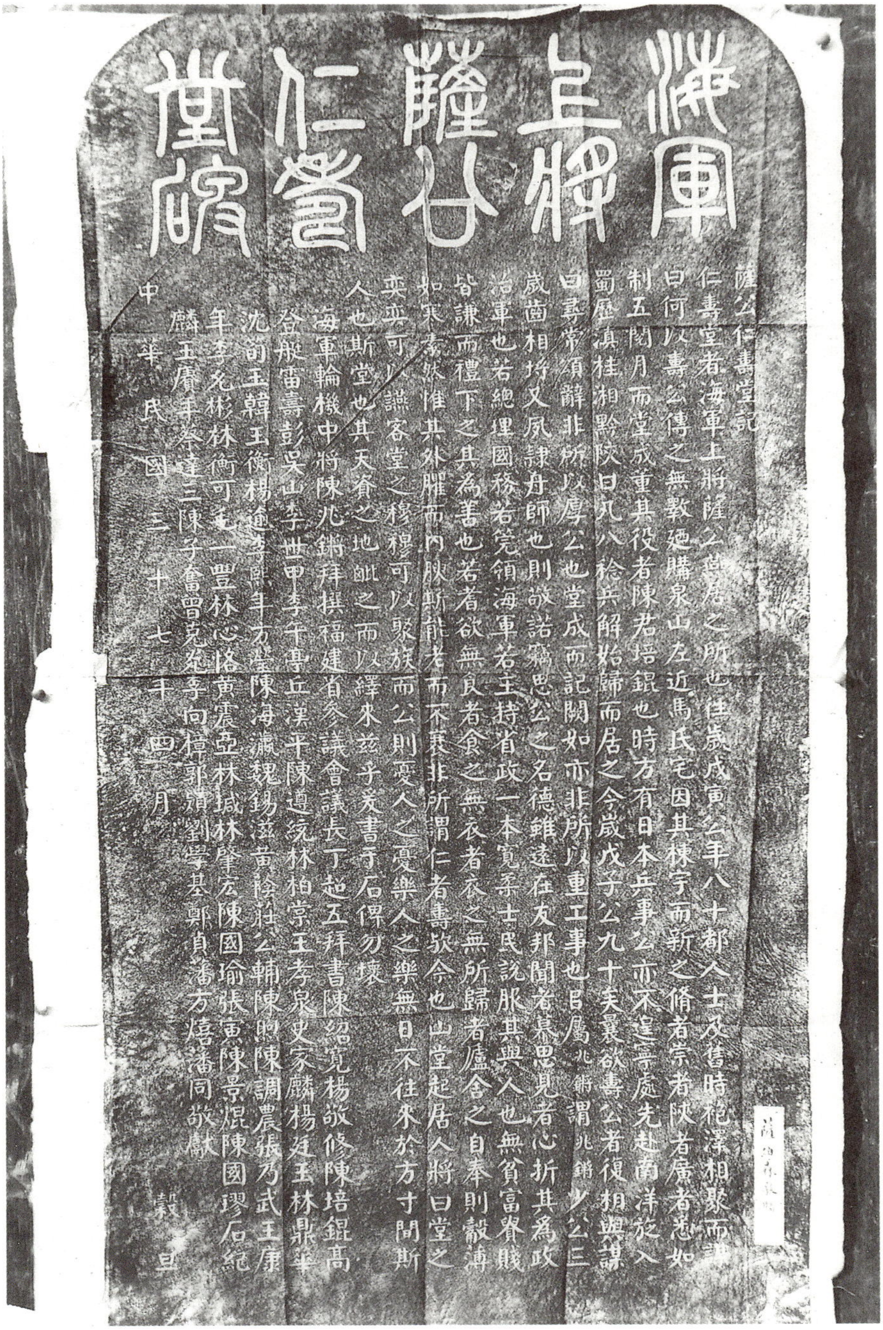
海軍上將薩公仁壽堂碑

薩公仁壽堂記

仁壽堂者海軍上將薩公寓居之所也往歲戊寅公年八十都人士及舊時袍澤相聚而謀曰何以壽公傳之無斁廼購泉山左近馬氏宅因其棟宇而新之脩者崇者陜者廣者悉如制五閱月而堂成董其役者陳君培錕也時方有日本兵事公亦不遑寧處先赴南洋旋入蜀歷滇桂湘黔陜日凡八稔兵解始歸而居之今歲戊子公九十矣曩欲壽公者復相與謀曰壽常須辭非所以厚公也堂成而記闕如亦非所以重工事也已屬兆鏘謂兆鏘少公三歲齒相埒又夙隸舟師也則敬諾竊思公之名德雖遠在友邦聞者慕思見者心折其為政治軍也若總理國務若筦領海軍若主持省政一本寬柔士民說服其與人也無貧富貴賤皆謙而禮下之其為善也若耆者欲無良者食之無衣者衣之無所歸者廬舍之自奉則觳薄如寒素然惟其外臞而內腴斯能老而不衰非所謂仁者壽歟今也山堂起居人將曰堂之奕奕可以識客堂之穆穆可以聚族而公則憂人之憂樂人之樂無日不往來於方寸間斯人也斯堂也其天資之地毗之而以繹來茲乎爰書于石俾勿壞

海軍輪機中將陳兆鏘拜撰 福建省參議會議長丁超五拜書 陳紹寬 楊敬修 陳培錕 高登艇 雷壽彭 吳山 李世甲 李千尋 丘漢平 陳遵統 林柏棠 王孝泉 史家麟 楊廷玉 林鼎華 沈葡玉 韓玉衡 楊適之 李熙年 方瑩 陳海瀛 魏錫滋 黃蔭莊 公輔 陳照 陳調農 張乃武 王康年 李兆彬 林衡可 王一豐 林心銘 黃震亞 林斌 林肇宏 陳國瑜 張寅 陳景焜 陳國璆 石紀麟 王賡年 李達三 陳子奮 曾克尧 李向樟 郭謨 劉學基 鄭貞 潘方熺 潘同 敬獻

中華民國三十七年四月 穀旦

• 海军上将萨公仁寿堂碑

· 英国皇家海军学院部分师生合影，1877年摄于英国伦敦格林威治海军学院。前排左九严复，左八叶祖珪，三排左八（叶背后第3人）萨镇冰

· 1899年摄于天津塘沽。前严复，后排左一叶祖珪，左三萨镇冰

· 摄于1899—1900年间

· 摄于1907年春节，时任清总理南北洋海军兼广东水师提督

· 摄于1909—1910年间，时任清筹备海军大臣、海军提督

· 清宣统元年至二年（1909—1910），由载洵（中）、萨镇冰（右三）率团赴欧美日等国考察的海军主要人员合影

· 考察团在欧考察期间与外国政要合影。前左二载洵，二排左二萨镇冰，萨后为程璧光

· 清宣统二年（1910），在日本参观船厂、考察海军组织机构时与日本军界要员合影。前左六萨镇冰，左七载洵，左三曹汝英（军学司司长），左十一郑汝成（军法司司长）

· 摄于辛亥革命时期，时任清海军统制，驾驶楚有舰

· 摄于辛亥革命后，商人装饰

· 摄于1914年前后

· 民国海军上将萨镇冰

·摄于1920年，时任海军总长

·摄于1923年，时任福建省省长

· 1940年5月摄于云南昆明

· 1945年5月摄于甘肃油矿局

• 1947年与福州开元寺主持宝松和尚合影

• 1947年与看护林莲英及其子女合影

· 1948年春摄于福州泉山仁寿堂毗邻的中山堂前草坪

· 1948年春萨镇冰90华诞时，子福钧、媳商子玉返榕，与萨镇冰共影于仁寿堂侧石阶上

· 1949年元宵节，萨镇冰与子福钧，孙本远，曾孙支茂、支平，合影于泉山仁寿堂厅前

· 1952年3月，萨镇冰与族侄孙本珪共影于仁寿堂厅前，此系萨镇冰生前最后一张照片

· 1923年冬，为南平王堂选义修三千八百坎古道题字立碑，时萨镇冰任福建省省长

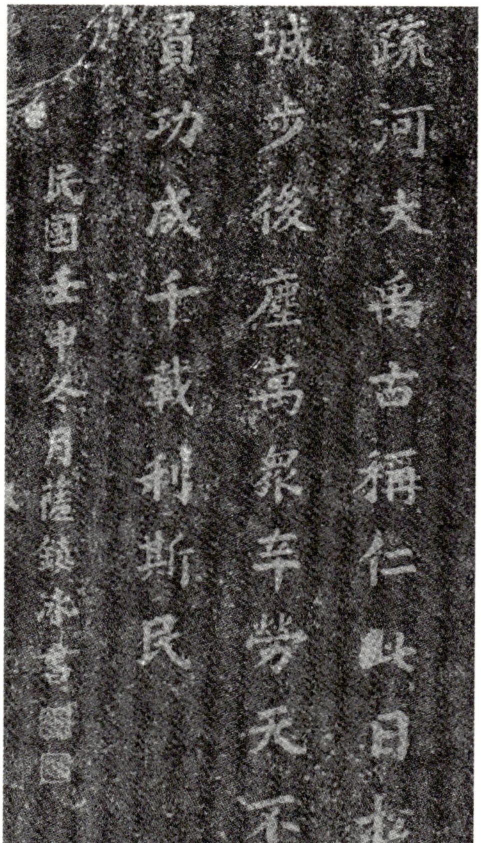

· 1933年冬，为霞浦县浚河题写诗碑

· 1923年5月，为福清石竹山寺题匾

· 1924年11月，为政和县杨作楫先生题匾

· 闽侯南通萨公长寿亭

· 太姥山上萨镇冰题刻

· 福州长乐金刚腿公园内萨镇冰题刻“金刚濯足”

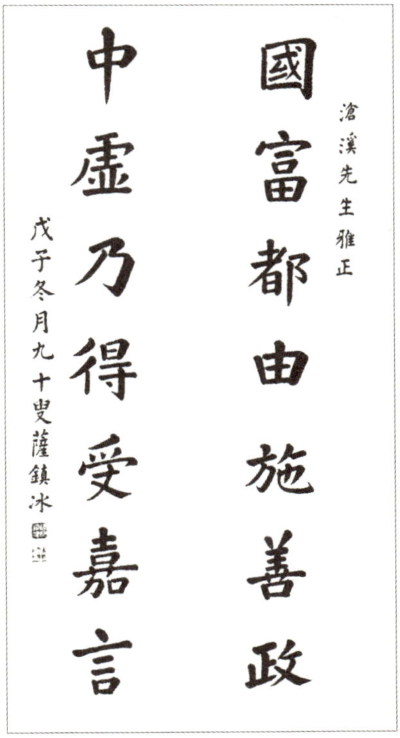

· 1948年，萨镇冰为沧溪先生所书对联

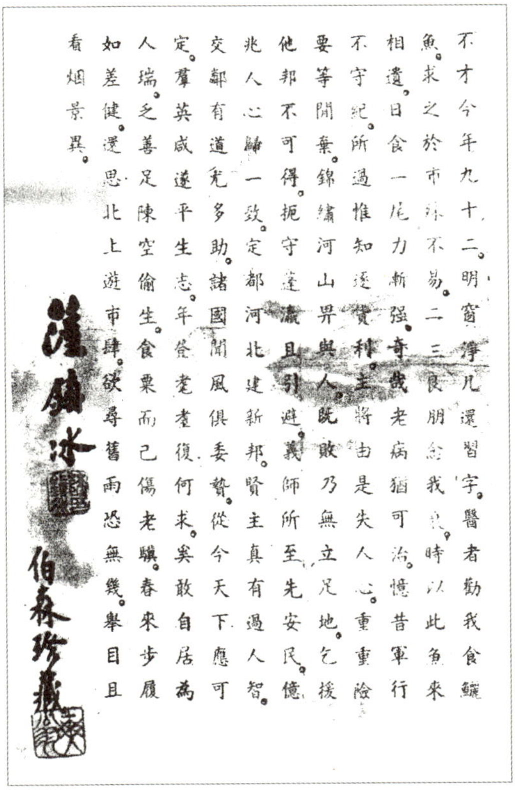

· 1950年，萨镇冰作《庚寅春日感怀》诗

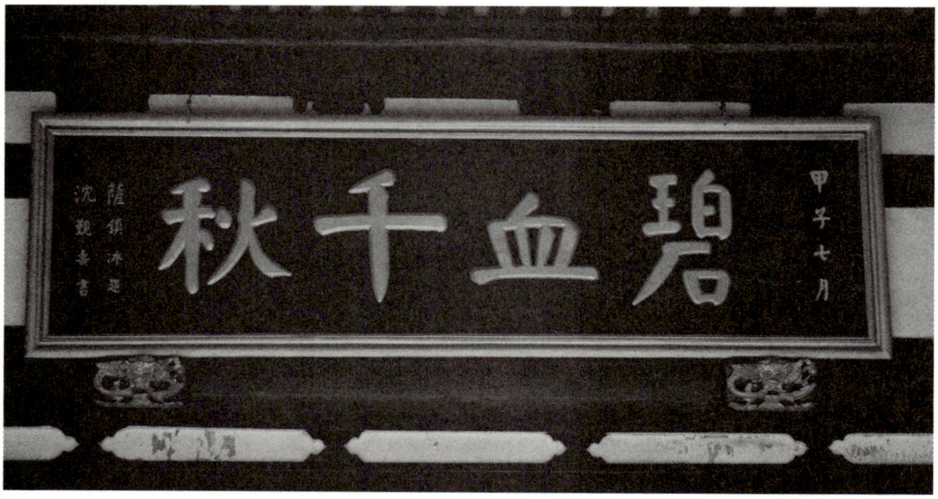

· 萨镇冰为马尾昭忠祠题匾。原匾已毁，今题匾系萨氏姻亲、书法家沈觐寿所书

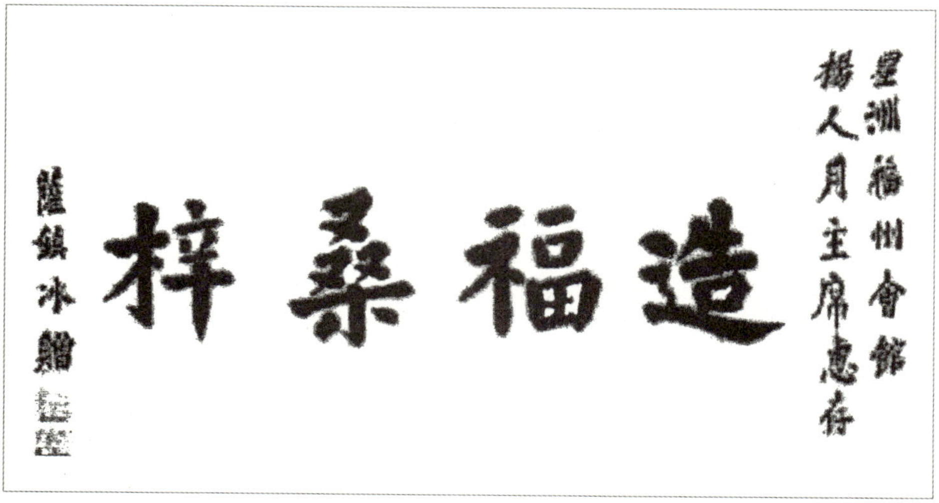

· 萨镇冰为新加坡福州会馆主席扬人月先生题匾

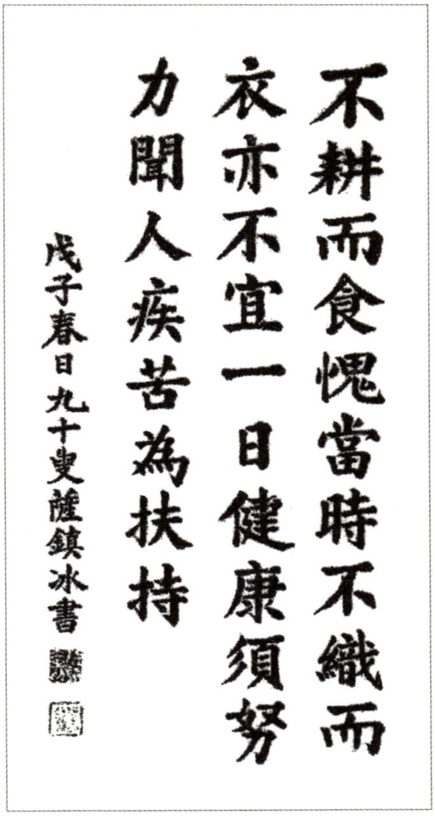

· 1948年萨镇冰书

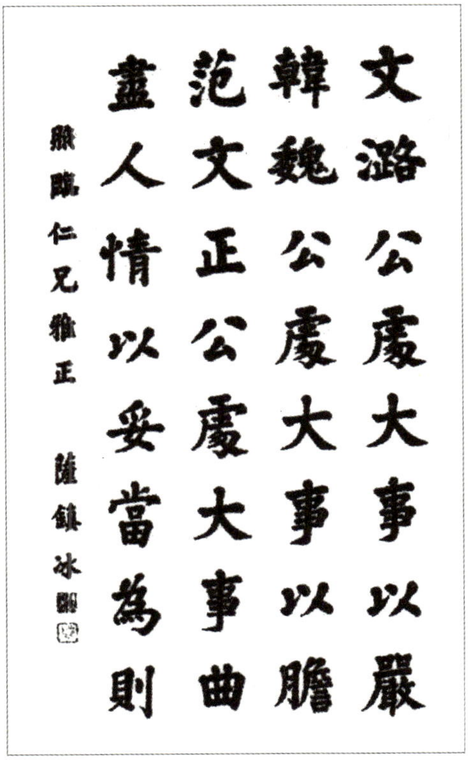

· 萨镇冰为照临先生书

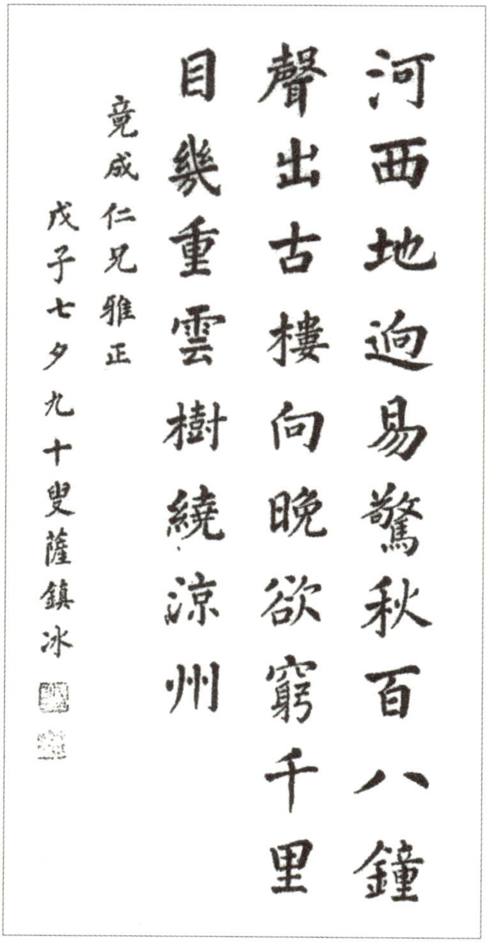

· 1948年七夕，为竟成先生书

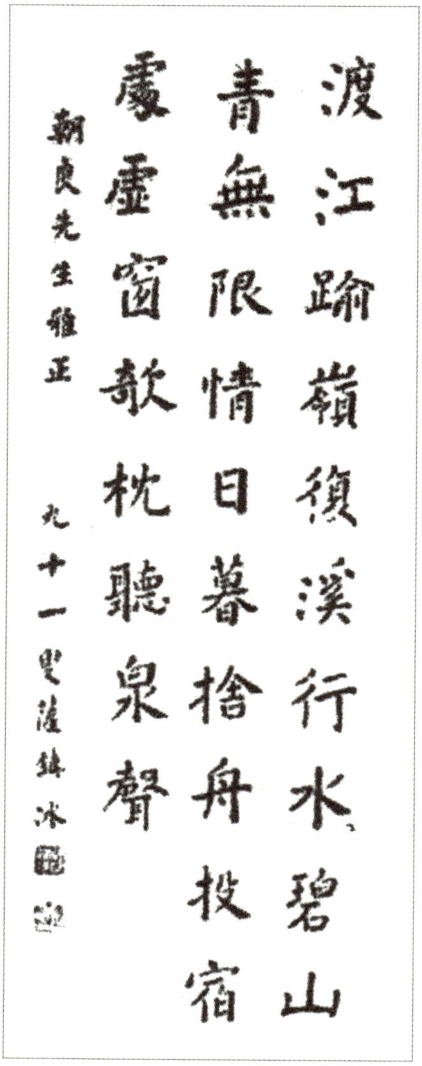

· 1949年，为朝良先生书

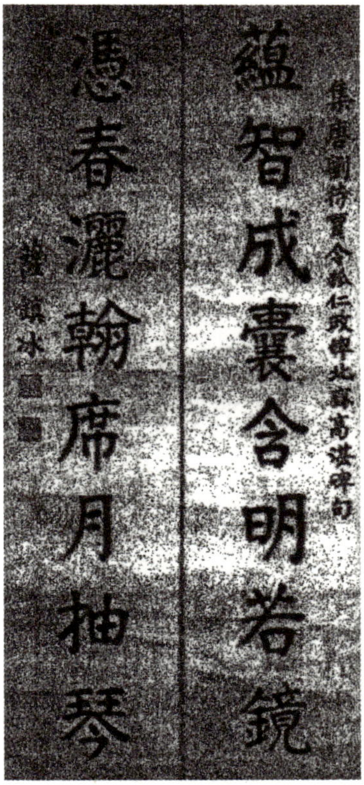

• 集唐刘待贾令狐仁政碑北齐高湛碑句

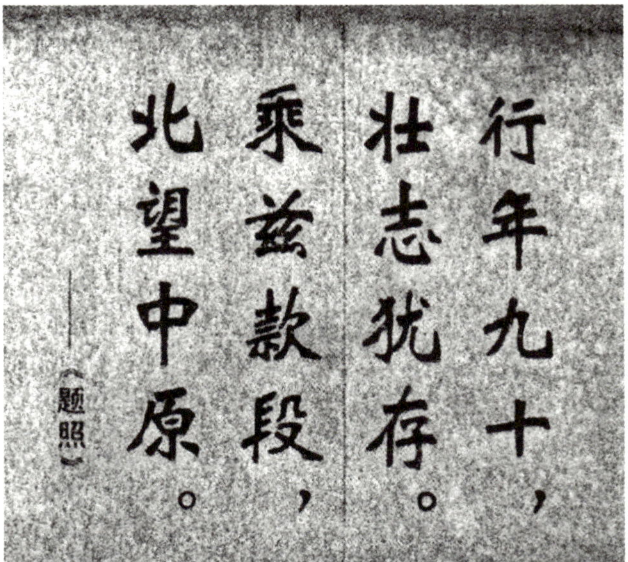

• 福州闽江公园碑廊内萨镇冰《题照》诗碑

· 萨镇冰墓道碑（1952年立，高3.08米，宽1.25米，厚0.18米）。碑左沿书“萨镇冰委员附葬怀良先生墓”，碑右沿书“公元一九五二年四月”。1992年公布为福州市市级文物保护单位

· 萨镇冰墓茔在福州北郊梅峰和峰山（又称火烽山）南麓，附葬其父萨怀良墓中，墓柱楹联“天留福地，世被恩泽”，墓镜楹联“春秋多佳日，山水传清音”

· 1994年萨镇冰诞辰135周年时，福州市社会科学所等单位举办萨镇冰学术讨论会

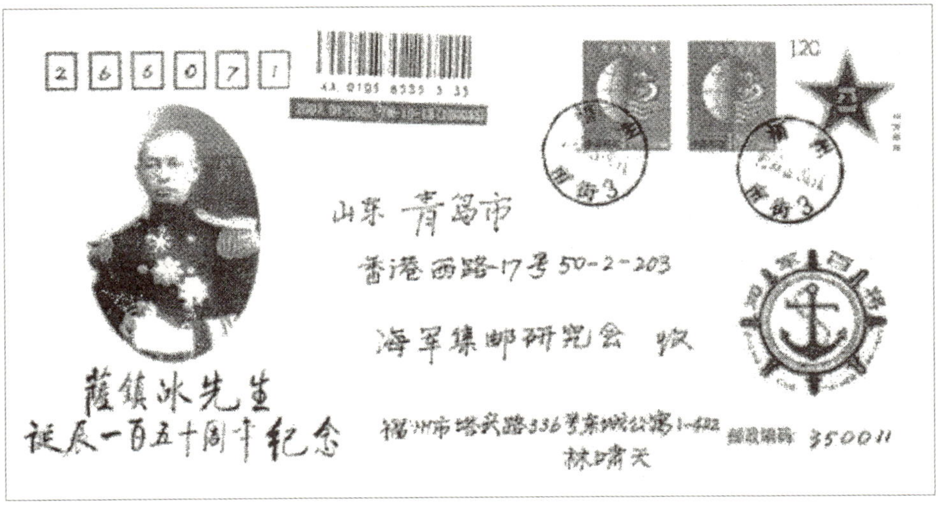

· 萨镇冰诞辰150周年纪念封

前 言

仁寿堂，族叔祖镇冰（鼎铭）公晚岁燕居之所；《仁寿堂集》，鼎铭公诗文题字之结集也。

公生于清咸丰九年（1859），卒于1952年，享寿九十四。百年间，公历经封建社会晚期、旧民主革命、新民主革命，迄新中国成立、社会主义革命时期。他是近现代我国海军耆宿。历史沧桑，宦海沉浮；一生慈善，诗礼传家。“名岂文章著，寿缘道德高。”古云仁者寿，此集诚耄耋仁寿老人风范之集也。

卷首：图照。全集分三编：上编文选，中编诗选，下编楹联、题石、题匾选。鼎铭公生平罕作文章，今所辑仅得他所撰谱序、演讲及寿文等4篇，其中以民国二十九年（1940）抗战期间在贵州桐梓海军学校全体同学欢迎会上的演讲，讲述他前半生的经历，以激励后生精忠报国，亦可作自传观。鼎铭公自谓古稀之后始学诗，今辑得《古稀吟集》、《客中吟草》、《里门吟草》、《耄年吟草》、《仁寿堂吟草》等，都录入《仁寿堂集》。《古稀吟集》是抗战时期，由他自己厘定并作序的诗集。当时国难当头，在大后方有抗战三军诗人——海军诗人萨镇冰、陆军诗人冯玉祥、空军诗人陈禅心——名誉神州。《客中吟草》乃作客他乡之吟；《里门吟草》是抗战胜利后回到家乡（福州）之吟；《耄年吟草》主要是90岁以后的作品；《仁寿堂吟草》则是以上诸吟草之选集也。诗言志，诗达情，时势造英雄。鼎铭公，字如其人，端庄严谨，一丝不苟；诗如其人，能随历史潮流，与时俱进；诚其所言：朝闻道，夕死可矣。公一生慈善，晚岁更鬻字济贫，所作楹联墨宝颇多，多为书赠海外侨胞，今所辑得，恐不及十之一二。

我们将萨镇冰在雁门入闽萨氏家族中的世系承嗣表及《萨鼎铭先生年谱》附于《仁寿堂集》中，让读者对他的族序渊源和平生有一个整体的认识。

我们还将不同历史时期社会各界人士和萨氏族人纪念他的诗、文、碑、记等书目略列，以供读者参考。

族侄孙本珪谨上

二〇一〇年五月

序

林 飞

萨公镇冰一生亲历晚清、民国、新中国三个时期，身经百战，宦海沉浮，以海军耆宿、平民首长、救世菩萨载誉乡邦。

萨公幼入福建船政后学堂，复留学英国，清末历任威远、康济、通济、海圻诸舰管带，广东水师提督、总理南北洋海军、筹办海军大臣、海军总制等职；民国时期，擢为海军临时总司令，并三任海军总长，兼代国务总理，获授“肃威上将军”衔，为中国海军界元老。

民国十二年至十五年（1923—1926），萨公出任福建省省长，力主革除官场陋习，要求官员平民化，更以身作则，青鞋布袜，微服出门，深入民间，察访民生疾苦，关心民瘼；在任期间，为方便民众，将省府大院西围墙后缩，修一条马路，后人为纪念萨公命名为“肃威路”。

抗日战争爆发后，萨公前往新加坡、菲律宾、印度尼西亚等地向华侨宣传抗日救国，筹集经费、物资，支援祖国抗日；抗战胜利后，萨公尤热心家乡慈善事业，在福州开元寺南侧建设福建佛教医院（今福州中医院），并亲任董事长。萨公之德高望重，遍闻闾里，妇孺皆知。

《仁寿堂集》系萨公的诗文集，由《古稀吟集》二卷、《仁寿堂吟草》、《客中吟草》、《里门吟草》、《耄年吟草》等结集而成，计文若干篇，诗340余首，基本涵盖萨公大半生的诗吟。其中游诗居多，赠诗和诗亦多，共占全诗百分之八十以上。游旅之诗每骋怀古今，情景交融；和赠之诗辄抒情寄意，感时抚事。既言志，复寄情，盖均关乎国家大事、世界潮流之篇章也。细加品味，萨公之诗篇中爱国爱民之忱贯串始终，真可谓一心一意，吾国吾民，无时不见，无处不铭。

央视政论片《复兴之路》开篇从福建船政讲起，福建船政是中华民族复兴之路的重要起点。船政的根本在于学堂，而船政学堂培养出来的英才在中国近代百年引领时代风骚，萨镇冰正是这一群体的杰出代表。萨公晚年也十分怀念在马尾求学的时光，期待一雪前耻，建设强大的海军。出版萨镇冰诗文集，是纪念船政先贤，弘扬“爱国、科学、开拓、创新”的船政精神的一种方式。

谨序。

二〇一三年九月十七日

（作者系中共福州经济技术开发区委员会、中共福州市马尾区委员会书记）

目 录

仁壽堂集

第一编

· 文选

吴府黄太夫人八十寿言[1]

宋曾子固序《列女传》谓：初汉承秦之敝，风俗已大坏，而成帝后宫赵卫之属尤自放，刘向以谓王政必自内始，故列古女善恶，所以致兴亡者以戒天子，此向述作之大意也。按传有母仪、贤明、仁智、贞慎、节义、□[2]为逾分事，心窃非之，再拜谢不敏，然古者因事致□，则相与为辞。且太夫人之嘉言懿行，实有足以风世者，又乌得以无言。

太夫人为国学生亨泰公次女，公事笔耕，岁入馆，谷不丰，日用弥窘，母刘恒鬻钗珥佐家计。

太夫人幼禀庭训，知所以解堂上忧者，内则所称执枲麻[3]纳酒浆，女子之职服劳不少倦。年十七聘于道镛先生，提瓮出汲，修行妇道。古人有言：嫁者不及舅姑，谓之不幸，独是女子之见，囿于自私者十有八九，含夫与子外无一人不赘，族无一事不支，节其逮事尊章者，反窃窃然以为不幸，若不胜其□恶者，而太夫人事威姑，意视神听，惟恐不至，既非寻恒所可企及。孟子云：人少则慕父母，有妻子则慕妻子。女子亦然，其未嫁也，晨馐夕膳，其所以奉养者，与男子无异，及其既嫁，守遵夫之道，视外家即若隔膜，礼缘情杀，情以境迁，一若普天下之通例，无有责备之

注：

[1]吴府黄太夫人指吴道镛夫人，原标题为《先慈八十寿言》。此文作于民国十八年，即公元1929年。

[2]“□”系文被虫蛀，缺字，以下同。

[3]枲麻指大麻的雄株，也泛指麻。

者。而亨泰公弃养后，家益不温，母老一弟稚，俯仰无措，太夫人又典质为事畜计，姑暮年多病，颠顿床蓐，则朝晡侍奉，目不交睫，衣不解带者累月；病亟，焚香告天，愿损己年以益之。其事姑之孝，一如事母。太夫人之职尽，而其心盖苦矣。

道镛先生以茂材异等，游履遍闽中各邑，为教育□义务绳墨之侧，不拒曲木；师儒之席，不拒曲士；其有教无类，吾知车辙所莅，不以乡曲遗。戚友有讼事，则排难解纷，有鲁仲连风。家贫甚，而好施予。一夕读书于斯馨楼，时严寒，楼下有以冻馁告者，乃罄所贮数百钱贻之，其见义勇为有如此者。太夫人则阴为之，相使先生得行其志，为乡里善人。然观子固序言，又谓家人之义归于反身，二南之业本于文王，故内则后妃有关雎之行，外则群臣有周召之美。与之相成，其推而及远，则江汉之小国免置之，野人莫不好善而不自知，然则太夫人坤道之成，又为先生刑于之化也。乙酉[1]冬，学徒病役，闻者却走，先生以师弟关念故，躬往省视，思所以起之，染病归。太夫人料量汤药，左右扶持，又为生平最难堪之境，及其见背观韶兄弟尚幼，则饮食教诲，责无旁贷，庀针凿，谋饔飧，篝灯课读，至夜分不少休。女一序居长婉嫕明大义，知所以爱母者爱弟，朝夕分劳，讫于长成使观韶兄弟得承母命，先后卒业于福州英华书院。

太夫人得省儿女之累，出为女学教授者，厥功有足多焉，今既嫁，而殁。太夫人恒念逝者不能已，而观韶兄弟思其姐前劳，尤以病时不曾燃火煮粥，如李勣故事，稍训一□，□为憾事，令人闻之，友爱之心油然而生。夫英华书院外人所设立也，吾国风气闭塞，目为异教。太夫人审其学为当务之急，遣子就传，可谓识时。昔宣文君世父儒学，立讲堂隔纱幔授业，韦温女

注：

[1]乙酉，即宣统元年、公元1909年。

续曹大家女训行世，古人非不尚女学，厥后狃于蔡文姬、李易安者流，遂噤口不道诗书，甚至拜袆之徒鲜有识一丁字者，所见益偏。

太夫人一出，漫漫长夜见曙光矣，洎观韶兄弟各有竖立，始谢生徒，犹谆谆诫诸子以国家社会为重。远则寓书，迩则面命，是耄期而不倦于勤者，而疏帐缥被，一如平时；识者又叹其贵在守约，其拯贫恤下。太夫人则视为分内事也。观韶兄弟凡四人，邮电□艖，所就者大凡物所托；坚则其发必巨，而用必远，是故金石铜铁之资于世也。而其胞为石，盖必有冲厚镇奠之质，而后能孕天下之材。故凡人之为远施洪受者，必其母之历大春秋也，余见观韶兄弟称之曰，非此母不生此子。有断然者，今日偕昆季率子孙，著斓斑衣，登北堂，歌南山。

太夫人膺兹多福，固自得之矣，余之所以不能已于言者，又以运会日降，狂澜宜挽。

太夫人一生经历，与所行为，无不与前七篇之列女相符，契为闺闱坊表。则斯言也，作为寿文观也可，作为家传观也可。

肃威上将军、海军上将侍生萨镇冰顿首拜撰

前山东提学使司提学使晚侍生陈兆琛顿首拜书

民国十八年□月谷旦

《长林世谱》序[1]

族之谱，犹国之史，省、县之志也。顾谱仅载世系、生死、卒葬，而能详纪一族有关之教育、实业、风俗者，实未之觏。岁己巳[2]，余承乏闽西赈务，僦居县长林献堂之荆花别墅，朝夕过从，乃获见其宗谱，于世系之外，编有大事，喜而读之。凡人文风俗，靡不记载周详，纲举目张，有条不紊，诚于族谱中别开生面者也。承嘱题面，并索序言，爰就所感，书以归之。俾后之修谱者，有所取法，并以志景仰之忱，云尔。

中华民国十九年鼎铭萨镇冰序

注：

[1]《（长林世谱）序》作于中华民国十九年，即公元1930年。

[2]己巳年，即公元1929年。

续修《雁门萨氏族谱》序[1]

镇冰自管领海军后，扬历中外及奉使五洲垂数十年，念祖宗祠墓弗获及时展拜，族间父老兄弟踪迹不免阔疏。比年以来，供职桑梓，矢敬恭之义，未敢遽萌退志。暇日于先人茔兆依次缮修，于宗祠则重新补葺，于支祠则重整规条。于是岁时伏腊，蒸尝报本，得与诸同宗共事趋跄，退而燕毛序齿，阖族联欢。向以踪迹阔疏为憾者，今则同气相亲，何幸如之。顾吾宗族谱，当宣统庚戌岁[2]，经嘉曦宗弟扩充修辑，定为八卷，纪载翔实，蔚为大观。溯庚戌迄今又历二十六载，亟应续行增订。仍谋之嘉曦，按前次例言以类编修，不数月间即告成书，付之梓人，以便家备一编；藉资数典。《大学》云："一家仁，一国兴仁；一家让，一国兴让。"窃愿同宗之人于仁与让两字加之意焉。推而行之，则天下治矣。谨弁简端，以告族人，并以告世之人。

民国二十四年三月谷旦十六世孙镇冰谨序

注：

[1]此序作于民国二十四年，即公元1935年。

[2]清宣统庚戌，即公元1910年。

我在海军界求知和服务的经过

——三月十日在海军学校全体同学欢迎席上演讲[1]

高校长[2]、各位同学：

今天承各位茶会欢迎，谢谢各位招待的盛意。我是已退伍的海军将官，诸位是将来的海军将官，我有机会能与各位聚谈，心里觉得无限的兴奋和快乐。我服务海军虽已五六十年，但是很惭愧的，对于海军没有什么建树，也没有参加过大规模的战争。各位要我说一点过去在海军中求知和服务的经历，这是各位的好意，我不好推却，也不应推却；现在就让我约略的告诉给大家吧！使大家明了过去海军的情形，同时，谨以此报答诸位的盛意。

我生于咸丰九年（1859），而在同治八年（1869）考入设在马尾的福建船政后学堂；那时还只有十一岁，比各位进校时的年龄还小三岁。设在马尾的，还有一个船政前学堂，专门训练海军制造人才；而后学堂是训练驾驶人才的；教官都由政府聘请英国海军军官担任。那时的马尾，还只是一片荒地，只有几家渔人的茅房草舍而已；可是政府已采纳了李鸿章、左宗棠、沈葆桢诸海军先进的意见，拨了大批库银，从事造船育才；同时聘请百余名法国造船工程师和技工来闽，预备把马尾建为军港。于是填洼地、设炮台、购

注：

[1]民国二十九年（1940）三月上旬，萨镇冰应当时迁址贵州桐梓的海军学校之邀，到校作演讲。由学员钱燧（笔名：金戈）记录，全文刊载于海军《整建月刊》第1卷第2期（1940年5月15日）。

[2]高校长，指高佑之少将。佑之曾任“平海”军舰舰长，于1937年9月江阴抗战时受重伤；伤愈后，于1939年2月任海军学校校长。

机器、造船坞、设船厂、育人才；不到三年，马尾已非昔日的渔村了，而具有军港的雏形。我不久也修完校课而上船实习。学校的功课很简单，没有现在那样高深和完备，普通学科为算术、代数、几何、三角，专门学识如航用天文、航海等也都有学。上船后，仍由教官负责教授，带领到南海及舟山洋面航行，间或巡航南洋群岛及日本海一带。在校时，我们已先学会使用六分仪，来观测太阳及星的方位，以确定船的经纬度，上船后便将在校所学习的应用于实际上。我觉得这是求知过程中很重要的一个时期，因为初由理论进入实践的阶段，凡事皆感到陌生和新奇。所以我始终抱着怀疑和探索的态度去学习。我深知如稍一不慎，将理论和知识运用得不熟练，便会致全船的生命于死地的。可是舰长和教官都因我年纪太小，所以不肯把重要的和辛苦的工作交给我做，怕我的体力和智力不能胜任。表面上，我接受了他们的好意，可是实际上，我的求知欲并不因此而稍减；相反的，仍不时跑上甲板，和士兵们一起工作，譬如检验枪炮啦、油漆啦；结绳啦，有时一起划小舢板，有时又一起解缆。每当下雨时，我必立在甲板上，帮助他们工作。一方面因为与他们共甘苦，可以得到他们的信仰，日后作战时才能做到"上下一致"的地步；另一方面呢，是增长自己的技能，并从而了解他们的生活环境。我觉得这是很重要的。同时，更希望各位将来也能这样，这便是"亲爱精诚"的涵义。我们在海上生活的人，应该把舰队当做自己的家庭，士兵看做兄弟一般。这样，在作战时，才不致吃大亏。

见习期满后，我被派赴英国留学。大家都知道，英国的海军又强、又大，组织也很严密，很完备。而那时政府派到外国留学去的人又很少，尤其是学习军事的，更是寥寥无几。所以我对于所习的学术各科，格外注意；同时于课余时候，细察他们人民的政治思想，风俗习惯，及对华人的批判，以为将来回国服务时之借镜。你们一定知道"他山之石，足以攻错"这句古谚的意思的。我所学习的虽是驾驶，但是对于轮机和制造也稍有涉猎。庄子有说："吾生焉有涯，学也无涯。"[1]我很知道将来使命之重大，所以我始终是勤学的。

回国后，便奉派到天津水师学堂做教员，教授管轮科学生的普通学科。那时已故的大总统黎元洪，也仿佛还是管轮学生，等到他们修完普通科以后，我的教员生活也就终止了。接着，我被调到船上服务。那时中国的海军，虽然也分南北洋两舰队，但是每个舰队里的碰快船和铁甲舰都不多，我服务的那艘，也是很旧很小的炮舰，不过仍不时跟着舰队，沿着海岸，航行闽、粤、浙一带。虽然我的年纪很小，但是已航行过很多的地方，见到过许多陌生的事物了。在我服务于海军的过程中，我曾被上司记过两回过：第一次是在长江，我带领那个小炮艇，在一条向来没有人航行过的航线试航，我明知这是很危险的，不知水究竟有多少深，也不知水流的方向，更危险的是不知道究竟有否暗礁，但是为了好奇，以为各种驾驶方法已经学得很多了，便可以大胆来尝试一下。那知不到半个钟头，船便搁了浅。还有一次，好像也是在长江，我想起航海学中曾告诉过我们，可以不用机器，只用帆和篷，用硬舵来驾驶；因此我又照样做了一次，船又搁浅，又被记了一次过。从此以后，我再也不敢轻易冒险了。我很羡慕碰快船和铁甲舰性能的优越，希望自己也有机会去带那些船，可是我满腔的热望便被这两次过失所粉碎了。更不幸的是，因此使我没有机会参加甲午战争（1894）；现在想起来，仍是有无限的遗憾和惭愧。我曾亲身参加过中法战役[2]，战场是在马江。那时我们海军的中下级军官和水兵都很勇

注：

[1]庄子《养生主》云："吾生也有涯，而知也无涯。"

[2]1884年（甲申）中法马江战役时，萨镇冰在天津水师学堂任教习。萨身在天津，不在福州，没有参加马江战役。此记录文中所云："亲身参加过中法战役"，系记录者听记，有误。

敢，可是上级军官都是昏庸愚昧，昧于世界潮流，不明海战技术，所以死伤很多。各位，在马尾时，不是每年七月都有到昭忠祠去参加祭祀的吗？他们便是在那次战役成仁的。各位不是还凭吊过马尾炮台的遗迹吗？那是被法国海军强迫拆去的；法国的舰队司令孤拔大将也在此役被我军一炮轰死[1]。这是中国海军的光荣，也是海军的耻辱。耻辱是自己没有在自己领土上修筑炮台的权利；我们的炮台被他们的铁甲舰运出了长门，运到巴黎，陈列在他们的博物馆里，作为战利品。光荣的是，我们的海军中下级干部和士兵，都是同仇敌忾，没有一个偷生怕死；在名义上虽是战败了，但是我们的英勇抵抗，至少使外人对中国的海军有一个新的估计，不敢再肆无忌惮的横行于我们的领海了。

甲午战争的战场是黄海，引火线是朝鲜。你们知道朝鲜的地位在中国的海防上是非常重要的，它好似一柄利剑，尖端直刺日本的心脏；假使朝鲜至今还在中国之手[2]，日本便休想做侵略的迷梦。那时因为清廷官吏的腐化，在事先既没有充分的准备，事后仓皇应战；况且我们的军舰所具备的作战要素都不如人。譬如说，军舰的速率，我们最快的才有十五海里，而日本则达二十三海里；我们的军械既陈旧，炮弹又不合用，很少鱼雷的配置，根本就失去攻击的力量；甲板没有人家厚，所以防御力也很弱；结果是一败涂地。而海军将士死事之惨，赴难之勇，真是使人兴奋。当时还有不少英、美、德、法籍的顾问，也在舰上助战，死伤也很多。本来政府和

注：

[1]据有关史料，当时法国舰队司令孤拔被清廷舰队的炮火击伤，不久去世。

[2]朝鲜历史文化悠久，古代就同中国友好往来。朝鲜半岛上曾有高句丽、百济、新罗三个封建国家。14世纪末，李氏王朝取代高丽，改国号为朝鲜。1910年被日本侵吞。

人民对于自己海军的力量是估计得很高的，并常以此自傲；可是自经甲午之后，便改变昔日对海军的态度，由自傲的心理变为自卑。这是一个很大的转变，也可以说是“激变”。此后中国海军的命运，亦因此而决定；海军在人民的脑子里起了坏的印象。我们看人家造一条船便花去几千万，而我们的海军部却要把同样的数目花上十年。历年来长官的整建计划都为政府所否决，不为人民所赞同，亦未始不是这个缘故。总之，人心一死，万事都没有办法。各位同学，这是本军的耻辱！只有我们未死的人，你们未来的将官才能洗雪。

光绪三十一年（1905）四月和民国八年（1919）二月，当我总理海军军务的时候，我所拟定的建设计划，不但被政府所否决，而且为各帝国主义者所掣肘；尤其是日本帝国主义者，更是明阻暗挠，或质问，或威胁，不一而足。那时环境之恶劣，实千百倍于今日，而非各位所能想像到的。“建”既不能，我们只有向“整”的路上发展了。于是改良军制，培育人才，先求内部组织之健全，再以渐进方式辟军港、建要塞、筑炮台、购机器，以完成建军计划之使命。

诸君！中国已在吾人的期待中抬起了头。今日之中国已不再是东亚的病夫、鼾睡的雄狮了！无疑的，政府对海军整建之计划，必倍切注意，更无须虑日寇之掣肘了。深望今后能集中力量，集中意志，共同担负建军的使命。吾老矣！无能为力！深望诸君善自为之，遇挫折勿自暴自弃；应立下决心，一本效忠党国的丹心，始终勿懈，任劳任怨，则建军必成，是可为诸君预祝的。

仁壽堂集

第二编·诗选

古稀吟集

《古稀吟集》序

鼎公上将，海军之元老也。功在党国，德及生灵。其生平之畸行伟业妇孺皆知，僻陬俱识，不待周之赘述也。惟闻欧美人士交重品格，所与游者稍有黑污，立遭鄙视；独于公则钦敬瞻仰，久之愈笃，至誉之为萨圣人云。公于七十后，渐喜山水之游，而足迹所及，名山巨川，怪愕雄奇之景，险巇梗阻之途，无不经历流连，摩挲顾睨，乐之而忘去也。又尝于心之所得，目之所喜，低回讽咏，记之于诗；而公之从事于韵事者，亦自此始。非若世之呫哔穷年，咿唔毕生，而于字句中斗巧艳者所敢望也。然诗之佳、才之捷，有寄之必有答焉。故日积月累，遂成巨帙。辛巳春，公旆莅安于舟车劳顿，士民迎谒之际，未及其他，先出诗稿相示；周谨受而读之，中多关怀家国、惦念疆场之言，而于东夷之侵略，边民之被害，尤为同仇敌忾，痛愤弥深；其忠爱之情，每于言外见之。此所谓“志士暮年，壮心未已”，公足以当之。于抗战中得此诗歌，上扬国家之威德，下坚民志之忠贞；灿烂辉煌，继承乐府，其功岂在攻城略地下哉！夫诗用以写情，亦以言志。公年八十有三矣，而身健眼明，夏不知暑，冬不知寒，而独以国家为念，其中固有所蓄也，岂独诗之工而已耶？周不敏，于公诗付梓时，谨缀数言，以为世之读公诗者告。

时民国三十年三月，后学林秉周拜序于硖州军次

《古稀吟集》自序

冰本不工诗。自早岁投笔从戎，服务海军，往来海上，鲜有机缘与文人学士交以求进益，曾以为恨；及古稀后，受赈务会之委托，携款返闽施赈，始得稍观山水之奇，并与诗人往来酬和。终岁或得诗十余首，不敢自是，多就正于清孝廉陈说洲君。后又分类为七律、七绝等，印赠友人，雪泥鸿爪，藉留纪念。及抗战军兴，经历内地，或写景、或抒怀，偶有所作，仍随时寄与陈君代为校正，计得诗百余首；在贵阳时已印就百本。今岁仲春，冰来安江，又将抗战以来所作之诗，未经陈君校正者，嘱林旅长秉周校正之。共印二卷，凡在抗战以前所作者为第一卷，抗战以后所作者为第二卷。此拙稿付梓之经过也。

镇冰自记

由马江往厦门海程

风急涛飞上艕楼，沧溟回首感浮沤。
薄飧晚食充饥适，短榻闲吟入梦幽。
烽火三秋迷古驿，海程千里泛孤舟。
鹭江屈指明朝到，酬酢还应数日留。

见厦门市政之善志喜

闽南门户数禾山，卅里纵横碧海间。
在昔市廛原狭隘，于今楼阁已回环。
华洋杂处无猜忌，道路俱通易往还。
及与观成歌美政，要知虑始历千难。

游漳州

漳州富庶甲南闽，入境欣看气象新。
商业骈臻知物阜，士风高尚见民淳。
田佳菽粟无愁乏，海近鱼盬不谓珍。
或涉重洋成巨贾，往来万里若交邻。

初冬宴集

龙溪花石剧珍奇，序值初冬事事宜。
爰集衣冠成胜会，且罗杯斝报先施。
宽闲岁月堪谋醉，光霁襟怀合赋诗。
终岁奔波余暇少，人生行乐贵乘时。

李颂唐招吟因病未赴

即承枉顾复相邀，况乃同城路匪遥。
讵意病魔施伎俩，顿教雅集感萧条。
敢将里句聊驰赠，乞恕羸躯未应招。
言念鸿情惭莫报，心香一瓣当琼瑶。

自漳州往金山

朝辞漳郡逐轻尘，路出金山物候新。
夹道黄云怜晚稻，四围翠黛异荒榛。
逢溪涉水人殊苦，留客治飧意最真。
行旅无虞怀士气，惟忧寒疾困嘉宾。

自金山往和溪

金山晓发雨霏霏，行野伤看事事非。
潭影明时清客思，泉声喧处动禅机。
渐趋崖谷田园少，犹怯萑苻户口稀。
十室九空滋感喟，离乡背井果何依。

自和溪往适中

沿崖登岭路迂回，晓雾蒙蒙点翠苔。
材木漫山迎面立，民夫载道拂肩来。
攀高不觉天过午，临下遥瞻屋满隈。
守望犹能存古法，频年屡把寇氛摧。

自适中往马坑

卅里崎岖山路纡，马坑地险聚萑苻。
菁深林密难搜捕，匪去兵来只喘吁。
烧阪自堪防伏莽，焚村只恐累无辜。
迷途既入因为乱，感化青年是要图。

自马坑至龙岩县城

转过山坳路渐平，行人到此庆重生。
探囊觅食爰求饱，席地扪心且压惊。
屈指曹溪刚咫尺，凝眸岩邑亦分明。
彩旗闪处知来迓，乱后相逢倍有情。

闻武平上杭失守有感

两城迭失寇方深，猛士三千守碧岑。
消息不通民未恐，糇粮无缺敌难侵。
微躯此际惟安命，劲旅当时幸一心。
举目云山饶画意，小窗独坐漫清吟。

游龙岩

清晨初日挂前山，万缕炊烟起堞间。
鸟语数声闻小院，岚光四面绕荒关。
儿童未解乱离苦，士卒空嗟征戍艰。
到处干戈仍不定，但逢马策与刀环。

偶作（三首）

（一）

寰瀛少小事长征，破浪乘风寄此生。
建树毫无人已老，沧桑饱阅气常平。
故乡胜迹时游览，客邸春光迭送迎。
四境不宁思猛士，何当一鼓取岩城。

（二）

嗟余身世类飘蓬，两鬓皤然冒朔风。
失学剧怜难免俗，耽吟弥愧不能工。
岁时云暮路仍远，老气横秋心更雄。
千里奔波尝险阻，缅怀桑梓效愚忠。

（三）

蹉跎岁月愧吾生，老尚奔波岂钓名。
万姓流离仍失所，群雄割据未休兵。
余年尤恐耽安逸，残喘何曾足重轻。
接物应人无内疚，孰教中夜梦魂惊。

步丁敬堂感怀原韵

日迫西山强自支，长途作客独矜持。
阶前苦雨怀人夕，楼外凄风近腊时。
量浅颇难言赌酒，气豪却喜学敲诗。
敢将俚句遥相赠，聊表丹诚答故知。

游龙岩洞

龙岩一望郁苍苍，乘兴来游陟彼冈。
两道虬松如宿卫，数楹古刹亦昂藏。
摄裾入洞凉风袅，携杖寻幽小草香。
过客纪游诗宛在，循环读罢只神伤。

步雷肖篯宁化遭匪原韵

挂冠但惜别良俦，晚岁奔波独刺舟。
不待旱蝗民已病，每闻风鹤事堪忧。
世非差幸能归里，寇至谁知自画沟。
遍地萑苻行未得，珂乡欲往费深筹。

适中度岁

村中岁暮雨霏霏，地僻天寒过客稀。
漠漠水田环土堡，苍苍山阪对柴扉。
短檐开卷心常泰，净几题诗兴欲飞。
忽报岭头梅已放，扶筇且去迓春晖。

步林维周感赋原韵

奔波无已度余年，不尽春光过眼前。
几次升沉浑似梦，四方结纳岂非缘。
出游遑问路千里，感赋曾成诗百篇。
雅士相逢还惜别，停骖不忍动归鞭。

步卢石甫感赋原韵

已唱骊歌更小留，还从雅集破闲愁。
赋诗各述平生志，对酒同消卒岁忧。
列坐何妨依曲水，朗吟却喜倚南楼。
盘桓累日忘言返，客舍青青尚滞驺。

偶作（二首）

（一）

仆仆风尘未息肩，宁甘辜却古稀年。
狂澜既倒偏思挽，残喘犹存似许延。
国势濒危宜自救，民生已蹙有谁怜？
萍踪岁岁俱无定，伫望乡书眼欲穿。

（二）

越嶂攀岩三日程，卸装便尔驻吟旌。
山间伏处怜风月，林下优游薄利名。
禅院钟声惊蝶梦，钓坛竿影认鸥盟。
烦忧竟可随流涤，澹泊为怀寄此生。

游适中洋邦村

春晴结伴步长堤，牛鼻山头碧树齐。
日午桥边人影小，风轻村外鸟声低。
冈峦起伏林泉迴，丁壮流亡妇孺凄。
遥望当时争战处，白云犹压紫岑西。

步陈说洲感赋原韵

桃红柳绿漫相催，燕子衔泥去又来。
挈榼坊头沽酒返，摇鞭堤上看花回。
敲诗孰谓雕虫技，作赋曾无倚马才。
同在天涯还异县，邮筒雒诵笑颜开。

步陶慕唐新岁原韵

桃符举国灿然新，贺岁筵中酒几巡。
梅吐清香宁让雪，笺题吉语漫迎春。
行看红紫花千树，更卜村庄粟万囷。
何日四郊烽火息，熙熙同作太平民。

和陈玉锵春日郊游

行过古刹且参禅，春服初成三月天。
茗熟炉烟萦牖上，钟鸣塔影落篱边。
花光掩映迎游屐，云气苍茫护讲筵。
残照一鞭鸦背外，归程历历记当年。

和福里陈英才赠别

蓝田一去路悠悠，诗满行囊雪满头。
山色水光都入画，风声鹤唳总添愁。
暮年差幸心弥壮，午夜徒悲志未酬。
挑尽孤灯怀旧侣，只应欹枕梦南楼。

过 盐 田

繁华巨埠想当年，讵意奇灾降自天。
一夕飓风吹入境，万家庐舍散如烟。
民贫不免流为盗，岭峻殊难辟作田。
触目荒凉皆瓦砾，啼饥载道剧堪怜。

游太姥山

最是山中岁月长，寺钟鸣处爇炉香。
日斜出户漫天雾，秋老登程遍地霜。
览胜崇朝穿鸟道，敲诗竟夕借萤光。
清游有伴宁嫌寂，只恐归时叶更黄。

游瑞云寺

香飘桂子度高楼，禅榻清幽减却愁。
饭后与僧还共话，茶余随客复同游。
经过竹院偏思夏，偶见枫林始觉秋。
更上山巅舒老眼，无边好景不胜收。

福州到上海舟中偶作

秋日登舟下海东，夕阳细雨泛长虹。
行穿岛屿涛无力，坐看沧溟碧不穷。
作客何期眠食适，忧时但学旰宵同。
江南此去逾千里，孤棹迢迢趁好风。

由沪旋闽舟中偶作

沧溟一望远茫茫，孤棹中流泛月光。
为念苍生沦浩劫，都忘佳节过重阳。
凭谁黾勉支危局，愧独蹒跚返故乡。
帐卧清宵难入梦，北风岂比我忧长。

福安旅次偶作

时艰奚敢惜衰躯，岁岁山陬复海隅。
但视流亡如手足，遑知风露触肌肤。
交游却喜皆骚客，迎送偏劳及武夫。
际此人心浮动日，维持风化仰真儒。

赠叶长青县长

不愧昂藏七尺躯，宰官政绩著方隅。
爱民宁惜劳筋骨，忧国偏忘饿体肤。
夕惕朝乾扶正教，风行雷厉儆顽夫。
平生抱负诗中见，多士倾心拜宿儒。

赠永安林鷁翔解甲归田

遥空半霁起长虹，总是天公造化功。
覆我田畴施雨泽，照人肝胆识英雄。
燕江壮士饶神勇，闽峤遗黎仰德风。
西鄙烟尘仍蔽目，未遑溪上作渔翁。

赠永安陈子彬

经纶自裕不求知，邂逅相逢是我师。
晨夕过从钦雅度，雨晴无间诵新诗。
夙忘轩冕情常逸，高卧林泉品更奇。
岂料盛筵为我设，酒卮掩映好花枝。

赠永安郭家鑫

时艰岂得漫偷安，邂逅相逢强作欢。
晨夕过从真有幸，词章酬和敢云难。
公余才俊成同社，境内耆英共一坛。
宾主东南无限美，满筵狼籍尽杯盘。

悼秦屿林寿卿

国事蜩螗人意乱，酿成闽峤祸滔天。
愚民玩法真难治，硕彦捐躯剧可怜。
擒贼当时凭细柳，论才千古忆青莲。
幽明路隔成长恨，偶读遗篇一涕涟。

由霞浦往太姥山

赶程常起早，逢榻便酣眠。
地迥惊秋易，楼高得曙先。
青黄万顷稻，浓淡几村烟。
太姥山初见，鲤峰遥插天。
宁为觅仙翁，奔波太姥东。
二三游侠客，一个孝廉公。
避雨持斋久，联吟寄兴同。
五更闻念佛，万虑亦俱空。

步林秉周原韵

独有好吟人，相逢意便亲。
偶为风雅集，恍似葛天民。
慷慨同忧国，激昂不顾身。
舍之当退隐，用则作良臣。

赠秦屿邹华逸

老至身难隐，秋深鬓更斑。
刺舟时渡水，结伴偶游山。
海澨无宁日，渔家多苦颜。
与君同啸傲，欲向九霄攀。

赠兴化蔡振东

博古通今士，勋名左券操。
襟怀侔李杜，才略等萧曹。
况乃年华富，超然格调高。
出山应有日，谋国岂辞劳。

游南港有感

面水背山万顷田，于今开辟过千年。
无穷地利谁能识，但愿村人解举贤。

己巳元旦偶作

不耕而食愧当时，不织而衣亦不宜。
一日健康须努力，闻人疾苦为扶持。

喜南港苏州桥落成

回忆当年病涉时，寒天没胫剧堪悲。
桥成今后诸无苦，来往行人险化夷。

游古田有感（二首）

（一）

路转山回入玉田，村庄错杂傍山边。
萑苻不靖难宁处，日夕频闻警耗传。

（二）

庐舍为墟年复年，救民端赖著先鞭。
干戈已定须安集，莫道存亡只信天。

游竹崎有感

竹崎岸阔好停舟，一夕西风举镇休。
税驾祝融真太酷，顿教草木尽含愁。

舟过闽清有感

机声不绝觉舟轻，难越梅城廿里程。
夹岸萑苻犹未靖，于今来往客心惊。

由谷口入古田偶成（二首）

（一）

暮投谷口始心安，大雨滂沱涨急滩。
地主殷勤餐宿便，一宵无梦力疲殚。

（二）

宿雨初收天尚阴，客程晓发过青岑。
趣行不敢贪风景，直指山城日未沉。

游奎楼村偶成

清晨挈从出东门，直指奎楼与典村。
父老儿童迎道左，归时不觉近黄昏。

游宝溪村书所见

出郊半日历幽蹊，村景荒凉数宝溪。
劫火乍过闾里烬，哀号遍地尽灾黎。

游古田小东偶成

四月南风刈麦忙，又看到处插青秧。
水田白鹭驯无比，每与耕牛相对望。

游古田大东鹤塘

五百年前溯祖风，经营惨淡玉田东。
喜看食德今千户，祠柏森森祀典崇。

由大东入宁德

大东四月雨初晴，水复山重三日程。
直到岭头劳远送，终教一别若为情。

游大东杉洋

杉洋胜地快登临，朱子祠前望翠岑。
林壑清幽田野辟，先贤文化入人深。

己巳仲春游连江西溪（二首）

（一）

渡江逾岭复溪行，水碧山青无限情。
日暮舍舟投宿处，虚窗欹枕听泉声。

（二）

莫厌泉声聒耳来，用之不竭利无涯。
人工牛力都能省，绝大财源自此开。

赠郑达人舰长

海山一望郁苍苍，海客相逢喜欲狂。
酒熟蟹肥宜共醉，莫教辜负好时光。

由闽赴沪舟中偶作

破浪乘风万里游，尘嚣隔断竟忘忧。
关心北地沦饥馑，深愧犹为独善谋。

游 青 岛

青州雄胜古曾闻，今更舟车集若云。
最是暑天游客众，临风出浴半钗裙。

游 沪 埠

沪滨商埠甲东南，廿里纵横费讨探。
车辆万千飞也似，人心叵测最难堪。

步陈鹿庄看菊诗原韵

黄花直与人同淡，老圃秋容尔许奇。
半放全开俱可爱，日斜篱畔尚栖迟。

自小池往大池道上即景

碧天无际晓山明，聒耳清泉不住鸣。
携杖冲寒过岭去，二三野叟诉哀情。

游圣水寺

结伴同为圣水游，洞天茗坐剧清幽。
寺僧解事勤相挽，底用山门玉带留。

太姥山阻雨

未到重阳效避灾，摩霄峰侧逐群来。
连朝竟过潇潇雨，不及探幽不肯回。

步卓松襟感赋原韵

岁月蹉跎叹逝川，骚坛事散逐残烟。
蓬蒿满眼终埋骨，莫怪时人薄圣贤。

游虎屿

十里膏腴弃有年，啸风形胜本天然。
经营且待贤能者，此日登临亦夙缘。

咏鳌峰

岗峦突兀拱斯楼，气象巍巍孰与俦。
中有一峰形最伟，如鳌负重独昂头。

疏浚长溪口占一绝

疏河大禹古称仁，此日松城步后尘。
万众辛劳天不负，功成千载利斯民。

和葛百举赠别

初冬客子怯霜威，晓起登程爱日晖。
深感主人怜别意，篇诗何足报些微。

和白石林仲琴感赋

白石长塘护万家，前朝置戍建高牙。
于今烽火迷三载，谁念前村盗似麻。

永安道上

行行十里傍青溪，古木阴中鸟乱啼。
雨后独怜山半竹，万竿摇绿映明霓。

癸酉午节怀古

孤忠千载事犹论，湘水无情映泪痕。
举国龙舟空竞渡，悠悠莫慰楚臣魂。

丙子秋月游雁门

远越关山来代郡，为探先世旧家乡。
居人闻讯欣相问，劝我停骖意绪长。

马江往古镇

寒雨连江曙色昏，扁舟一叶出长门。
海风浩荡涛争起，向晚趋投古镇村。

秦屿往峡门

清晨结伴向山村，越涧攀崖到峡门。
庐舍爨余皆草创，赈金散毕近黄昏。

象石围坐用马公武见赠原韵

民国纪元三十年，辰阳黎庶乐陶然。
倭军百万不敢犯，为有石象护山川。
三湘男儿本武勇，东征西讨常直前。
百战归来理田宅，岁晚梅开树树妍。
桃李芳园夜开宴，醉来欲向水底眠。
东风吹面涤酒气，觉有珠玉落吟边。
醉眼开时诗思动，与客酬和漫流连。
夜深吟罢客言别，主人送客木兰船。
此会欲使长记忆，一一挥毫纪末巅。
诘朝军门应献捷，五溪遗老喜欲颠。
隔篱呼得邻翁至，与之对饮话云烟。
虏氛渐息民乐业，逸士怡然终林泉。
鱼虾为侣鹿为友，不求闻达迈前贤。
偶念同袍半殇国，临风无语独涕涟。
从知人事有代谢，惟有丰功千古传。
用夏变夷凭文化，永保子孙福绵绵。
古来将相本无种，昂藏七尺各勉旃。

寄族弟耐庵

昆明地势壮，唐王曾驻跸。
终岁无寒暑，冬夏何从悉。
时已届四月，花开犹未毕。
眼底几沧桑，令人轻得失。
佐食虽无鱼，登盘却有橘。
卧病已经旬，医戒勿操笔。
军书频告捷，国运亦云吉。
自叹门祚薄，四代丁仅七。
老者鬓毛衰，少者多弱质。
一男赋鳏居，一孙才授室。
近得亲朋书，曾孙头角出。
生长在兵间，或可光蓬荜。
干戈定何时，言旋岂可必。
若问我年龄，八十三进一。

马公武游了髫山有诗即步其韵

今闻了髫佳，回忆游太姥。
但向层崖攀，不觉群山俯。
上有摩霄寺，日斜每鸣鼓。
僧弥常持斋，于世复何补。
参禅有定时，但见袈裟舞。
禅房花木深，老僧容貌古。
设坛为禳灾，谈经欲驯虎。
司客与司香，僧众各分部。
下山甫半途，回顾迷云树。
佛力果无边，每作名山主。
理乱孰能知，磻溪问渔父。

步马公武白云山庄书感原韵

国家之兴亡，人人皆有责。
何幸死沙场，裹尸用马革。
偶见髀肉生，若负英雄意。
永昼坐松阴，频作弹棋戏。
同舟共济者，遑问越与胡。
所期达彼岸，大众可欢呼。
独行忧日暮，深山多猛虎。
但使风不来，何愁月色苦。

论汪精卫

未能永流芳，犹可作渔父。
奈何一失足，遗恨成千古。

依韵答吴季淮谢赠像

据鞍犹顾盼，自笑白头翁。
小影聊相赠，感君词句雄。

依韵答余块尘谢赠像

五溪犹浪迹，额手谢天公。
留影区区意，行踪西复东。

答王师复谢赠像

今朝窥明镜，始觉首已皓。
昨日犹据鞍，顾盼未知老。
扬鞭一军惊，似将收两京。
征骖解人意，昂头作雄鸣。
四夷昧王道，弓刀征蛮强。
兵争无已日，量才使其长。
来当小阳天，别时柳含烟。
莫报殷勤意，赠像与君先。

依韵答高子勉谢赠像

辰阳虽为别，音问非断绝。
小影聊持赠，当作柳枝折。

依韵答黄良观谢赠像

临别赠小像，聊以为报也。

十旬相酬和，独羡君古雅。

由辰溪来安江沈植庵有诗相送作此以谢之

相逢偶酬和，往来无定踪。

中原方板荡，志士愤填胸。

扶桑无明主，武夫擅弄戎。

行看日将夕，遑云出自东。

依韵答常竹坡谢赠像

念旧兼怜老，感君义独高。

临行贻小影，挥手放骖骜。

题廖氏家藏墨宝

人寿难满百，所以重手泽。

千古传家宝，只在此方册。

上国府林主席

元勋开国气如龙，坐镇雍容春复冬。
首席同推期救世，禅林可探偶登峰。
虚怀照月空于竹，劲节经霜酷似松。
大业成时归故里，青芝寺外草葱茏。

赠海军高佑之少将

血战归来尚裹疮，将军岂让戚南塘。
身同士卒尝甘苦，志为邦家救覆亡。
休养暂时如蛰伏，薰陶后进看龙骧。
羡君气共山河壮，不世勋劳引领望。

次赵尧生韵（二首）

（一）

城楼近接碧山阿，秋雨连宵长女萝。
午憩洞中消暑好，夜吟枕上纪游多。
寇气未靖忧难释，民困犹深解几何。
尚望邦人能努力，同心同德勿偏颇。

（二）

步从郭外向东阿，不断人行鲜女萝。
古刹无僧泥像在，高崖有字藓痕多。
群贤毕至纳凉久，残贼稽诛奈老何。
饮罢纵谈今昔事，空为楚将惜廉颇。

陈说洲有诗见寄依韵答之

南游万里涉波澜，禹域奚堪回首看。
讨贼已闻传羽檄，从戎还可据银鞍。
遗黎无忝春秋义，羁旅犹偷旦夕安。
八十残年空健在，抚躬何以对征瘢。

步金豹庐原韵

暮年还欲挽狂澜，浪迹西陲陟翠峦。
抚集流亡惟努力，扶持创病敢云难。
悲笳四动飞黄叶，轻舸东征越急滩。
光复神州千载业，世人莫作等闲看。

郫　县

子云故里漫淹留，溽暑还为物外游。
满井甘泉堪酿酒，二皇旧冢各成邱。
良田万顷人争置，绿竹千竿暑不忧。
满地干戈归未得，且从酬和破闲愁。

寄耐庵族弟（三首）

（一）

年逾八十总颓唐，事事需人己亦忙。
体弱看花防冷露，眼明览胜爱斜阳。
天涯旧雨还通问，海内同胞敢致忘？
国未休兵频报捷，欣逢好景是橙黄。

（二）

异乡作客值重阳，回首征途阻且长。
篱菊初开观晚节，塞鸿远适任高翔。
寇氛虽炽终当灭，国耻弥深岂敢忘！
烈士暮年还励志，不教剧虏久猖狂。

（三）

谒祠犹忆过晴村，序值春秋集弟昆。
盛典长存崇硕德，芳醪虔献报鸿恩。
簪缨罔替成名族，俎豆时修敬所尊。
远溯入关怀祖武，于今生聚比盘根。

夏日游昆明

滇池独有四时春，旷代难逢百岁人。
边郡故应敦礼乐，中原可叹困兵尘。
政清上下应忘利，寇至沙场不顾身。
风古民情还朴厚，治生术亦贵翻新。

庚辰双十节

天降奇才善用兵，妖氛扫尽一时清。
内忧自古寻常有，外患而今不足平。
中土民穷原应赈，东邻师出本无名。
河山再造资群力，小草逢春喜向荣。

贺秦屿周遁庐重游泮水

晚年督学见精神，少日成名自有因。
高卧松云甘白首，远辞轩冕厌红尘。
生花妙笔闲还梦，满架残书老更亲。
屈指游庠六十载，爰刊新集访诗人。

和陈玉锵感赋原韵

暑往寒来碧汉秋，十千美酒未消忧。
举头但见风云变，倾耳常闻鼓角愁。
几度沧桑伤往事，四时景物足吾眸。
天心厌乱知何日，到处治生费九牛。

杨建人山居有诗即步其韵

筑室东山避世哗，淡茶粗饭似农家。
三椽茅屋权遮雨，双板柴扉启见花。
邻睦不需司夜犬，人稀但见隔林鸦。
微霜未损篱边菊，日暮衔杯对紫霞。

寄黄良标兼用其韵

暮年奚敢独投闲，仆仆风尘驿路间。
戴雪不辞登蜀道，履冰犹忆度阴山。
世途此日非平坦，国步频年尽险艰。
得主竟能成大业，神州失地尽收还。

答赠郑笔山并步其韵

邦家多难欲忘身，况乃沧桑饱阅人。
伏处林泉伤世变，自安澹泊葆天真。
忽看秋渚初来雁，为报文星远降辰。
咫尺桃源犹可达，应邀旧雨避强秦。

步王师复原韵并寄之

两世同袍谊最深，见君跨灶更堪钦。
刀兵底事摧兰叶，雨露尤应润桂林。
湖海相逢惊伟抱，溪山小憩发清吟。
兴邦共奋回天力，对酒先闻戛玉音。

蔡临冰诗来用原韵以答之

三年不见故乡春，万里遨游风景真。
两鬓繁霜呈老态，满腔热血逐劳尘。
乘兹时势能开国，扫彼妖氛不顾身。
若待河山光复日，愿偕诗侣息征轮。

再寄族弟耐庵

溪畔日斜人倚楼，鬓衰不复欲封侯。
兴来对月还吟咏，性懒如云漫滞留。
学佛学仙成幻想，求名求利笑徒愁。
请缨自有青年辈，慷慨悲歌把笔投。

赠曾拱北用其韵

洞庭西畔驻吟鞍，葭月风霜感晓寒。
是我心交惟旧雨，何人力挽此狂澜。
明驼足可行千里，老骥才堪任万难。
若得清时酬夙志，分符亦试一登坛。

与秉周别已数年忽得来诗即用其韵以寄之

边陲岁岁枕戈眠，但见春归在客先。
百粤毗连多战将，三巴咫尺有诗仙。
烟尘东望犹遮目，节钺常持未息肩。
忽念故人颁宠召，所忧二竖阻征鞭。

寄陈玉锵

驱车东去越山颠，一日曾过万壑烟。
老马犹能千里路，黄花欲傲小阳天。
同袍远戍怀奇策，旧雨重逢信夙缘。
遥念军前方苦战，凯旋敢卜在明年。

和马公武师长欧战感赋（二首）

（一）

坚甲利兵还可挞，谁怜罗马苦呻吟。
恃强欲使邻为壑，图霸空贻祸至今。
荼毒生灵天必怒，摧残田宅孰甘心。
义旗所指应无敌，待听重洋报捷音。

（二）

旁有强邻心胆寒，首遭分割悯波兰。
同盟散隔多千里，中立支持总万难。
霸业孰归非易料，兵争未已敢偷安？
出奔且向秦廷哭，乞援虔输地一盘。

赠薛长官伯陵

竹篱茅舍亦甘心，故土难容敌国侵。
善战不愁来虏众，救亡岂许入山深。
功高殄寇凭雄略，志切安民惜寸阴。
惟有止戈方是武，凯歌奏罢赋归林。

赠陈宏泰

东邻底事犯神州，猛士频年倚戍楼。
同德终能消外患，苦心直欲建新猷。
裹伤合绘凌烟阁，涉险还乘破浪舟。
百折不回饶壮志，羡君击楫向中流。

次陈则安韵

雪花六出兆丰年，建国精诚上格天。
教养并施师古哲，驰驱不倦迈前贤。
旌旗蔽日威逾著，黎庶闻风喜欲颠。
收复两京应在即，会当饮马大江边。

答辰溪饯别

少小离家作远征，乘风破浪涉沧瀛。
海疆万里犹城郭，邻族频年弄甲兵。
举国存亡凭作气，八荒草木欲争荣。
自邻衰老承郊饯，为祝群贤事早成。

春日游硖州公园（三首）

（一）

春晴四望净无烟，过客登临日几千。
绿树参差幽径畔，奇花掩映画堂前。
丹邱高耸疑仙境，复道旁通见洞天。
壁上新诗多杰作，尤能写出硖州妍。

（二）

手栽绿柳与高桐，处处还留仄径通。
竹叶青青沾晓露，桃枝袅袅弄春风。
方池碧映新亭下，曲坞香凝小榭东。
此地流连忘返易，况逢开宴月明中。

（三）

草青苔绿任低徊，更喜窗前数树梅。
枝上鸟啼知客至，竿头丝动觉鱼来。
几回幽赏新诗就，半晌高谈夜宴开。
四座飞觞同醉月，硖州未许逊蓬莱。

步杨建人原韵

天道循环品物生，自强气概亦风行。
才高毕竟须观德，年富何尝不爱名。
言行当教夷狄感，襟怀足使鬼神惊。
偷闲还有新诗就，远近争闻戛玉声。

次吴佩之原韵时逢法国新败

承平日久弄清琪，傅粉涂脂逞艳姿。
强寇忽来思一战，羸兵不敌欲何之。
卫民自古凭修政，争地而今似弈棋。
有志终能恢故土，纪功碑上更题诗。

次白君锡赠徐画师之桂原韵

好山好水满天南，收入行囊重不堪。
堤上飞花随雨落，岭头樵父把云担。
路人相值摩肩过，知己重逢促膝谈。
日暮举杯邀月至，陶然对影却成三。

次白君锡植菊原韵

三秋秀菊逗容光，莹白金黄爱淡妆。
浥露叶鲜来酒友，傲霜枝健比花王。
栖迟篱畔宜幽赏，采撷园中费考量。
逸士偶临诗思动，吟成四韵对斜阳。

用白君锡临江南望原韵

水暖春江烟雾生，棹歌声里有船行。
群鸥飞过波光动，远客归来螟色横。
难得故人同话雨，肯教新贵共知名。
长缨可请功应伟，万里边陲望解兵。

答蒋敷庄赠别

十旬吟和绮筵前，物换星移已隔年。
江上鼙声非偶尔，驿旁别意各茫然。
三湘花木逢春发，万里轮蹄计日旋。
垂老豪怀仍未灭，临风作赋句求鲜。

答王师复赠别

溪行有幸逢高士，为趁花时启院门。
春夜聊吟诗满箧，平明送别酒盈尊。
驱车雨后烟尘少，浪迹天南气候温。
畅聚十旬非偶尔，何当旧侣更云屯。

依韵谢吴惕尘赠别

满眼春光好放歌，军门献捷事尤多。
雨旸时若教农乐，寇扰胡侵奈我何。
国运勃兴良可喜，人才辈出不胜罗。
五谿景物供诗料，宾主胪欢每醉哦。

依韵谢吴季淮赠别

浮生若梦且优游，似箭光阴岂可留。
烟景当春供啸傲，文章盖世展猷谋。
天伦乐事随时叙，胜日豪怀对酒讴。
宾主东南无限美，鸿情敢藉一诗酬。

依韵谢余块尘赠别

西行底事向昆仑，宁为黄河探水源。
杨柳成行迎马首，桃花如面送车辕。
四年未得旋榕郡，一度曾能过雁门。
此去硖州寻旧雨，临歧谢子赠金言。

依韵谢曾玉生赠别

龙拏虎斗几时休，华夏声威莫与俦。
胜负争酣宁罢手，兴衰系重肯低头。
夕阳促我驱车返，午夜看人秉烛游。
诗酒流连饶乐趣，名场此去岂轻投。

依韵谢林维政赠别

年华岁序正当春，夙夜孜孜梓与轮。
鸟语枝头添雅思，马蹄道上逐轻尘。
江楼小住逢佳士，村径闲行作野人。
临别赠诗成厚贶，长教客邸诵频频。

依韵谢陈伯东赠别

国步而今胜去年，骚坛雅集且流连。
小楼永夜听春雨，深井随时汲野泉。
告别不堪心悄悄，濒行更感意拳拳。
临歧恰值风光好，唱和诗章亦夙缘。

依韵谢常竹坡赠别

高朋满座酒频倾，桃李门前正向荣。
剧虏稽诛难解甲，遗黎莫恤尽呼庚。
狂澜欲挽心何壮，故国将兴兆已明。
握别长亭无限意，时清更可酌瑶觥。

依韵谢陈实园赠别

春当辰月柳如眉，莫解劳人尚载驰。
两鬓繁霜今觉老，满腔热血故忘疲。
相逢深感殷勤意，临别聊陈慷慨辞。
国事匹夫原有责，此生功烈在乘时。

和蔡临冰赠诗

满腹经纶观世变，百篇杰作见天真。
辰阳雅集钦诗思，渝郡遄征隔旅尘。
局转当能酬壮志，境幽差可寄闲身。
五溪花卉犹争发，料有奇芳拥美轮。

由辰来安沈植庵有诗相送作此以谢之

万国争衡似弈棋，逞强尚诈互相疑。
构兵不已成危局，略地无厌露丑姿。
力竭出降怜屈膝，势穷欲挽运奇思。
堂堂华夏谁能比，光复河山在此时。

和林秉周旅长吟集未成偶作（二首）

（一）

新园岑寂暮山苍，却有高人步画堂。
满坞牡丹增好景，数行杨柳对斜阳。
远村凭眺轻烟碧，古墓闲过细草香。
但惜吟俦难毕集，不闻佳作韵悠扬。

（二）

连朝邻郡遭空袭，远近咸闻画角哀。
虎帐正将兵事议，芳园忽召雅人来。
谁知诗思催难动，空使清游念尽灰。
直到曲栏花影上，只余斜月独低回。

依韵谢高飞雄赠别

朝曦初上雾蒙蒙，春日溪旁多碧丛。
相送却看皆雅士，独行自笑一衰翁。
长亭饯别情何厚，荒驿题诗句更雄。
畅聚十旬非易事，悲歌慷慨古今同。

和吴佩之旅黔有感

西陲浪迹几经秋，胜日聊为汗漫游。
人海浮沉成逆旅，蛮荒栖息似羁囚。
寻芳偶亦过溪畔，结伴时还步陌头。
自顾形骸仍颇健，那堪事业付东流。

和吴开甲送别

硖州三月驻吟鞍，寄傲溪山兴未阑。
雨密风多虽取恼，花飞柳舞足游观。
独愁客少诗情淡，自笑年高酒力殚。
忽见远空来一雁，为衔珠玉落江干。

赠马来亚侨胞

海外逐劳尘，侨胞尽可亲。
郊迎情倍挚，夜宴品尤珍。
国事殷勤问，行踪次第询。
自惭无建树，错认作佳宾。

赠黄领事

汉族遍南荒，市廛似故乡。
政权虽属督，邦制尚尊王。
侨众能安业，使君抚有方。
相逢叨厚爱，铭感久难忘。

赠胡明敏女士

窈窕钱塘女，曾乘万里槎。
从师尝采药，作客不簪花。
克己工弥苦，寿人志可嘉。
故乡方板荡，北望独思家。

赠同乡高公翰

万里遇同乡，呼儿出酒浆。
感时肠欲断，访旧泪成行。
羡子年方富，嗟余发已苍。
长缨如可请，抱志岂寻常。

次金九如山居原韵

山居难得月，喜见北辰临。
不辨东西向，徒增景仰心。
芳邻十日接，胜迹几回吟。
告别劳相送，情逾潭水深。

海军学校

寰海拟长征，先为黔郡行。
客途无虏迹，同伴属群英。
时势朝朝异，豪情处处生。
知方从善诱，期与世争衡。

由贵阳往马场坪

雨后登程去，沿途旅客稀。
逢村思小息，入店凛寒威。
求饱爱炊饭，思眠始掩扉。
夜长频梦醒，喜见曙光微。

由马场坪往镇远

晓发马场坪，暮投镇远城。
忽逢同族侣，一慰旅游情。
阔别逾三载，畅谈快此生。
诘朝挥手去，老泪更盈盈。

步王师复原韵

建国资群力，谁能忘海军。
舟沈江路断，雷发世人闻。
伏击功超古，突飞誉入云。
频年尝险阻，歼敌趁余曛。

山居书怀

名区沦陷久，何日庆珠还。
四望多烽火，相逢弄剑环。
劫尘迷故土，白雪满春山。
养晦栖幽谷，襟怀岂等闲。

题辰溪思危亭

劫后新亭耸，使君意若何？
灾黎栖古洞，行旅滞东阿。
忧患伊胡底，贤能不厌多。
绸缪宜未雨，岁月勿蹉跎。

游硖州公园

十亩荒凉地，颓庵接古坟。
曾无桃李树，但有狐狸群。
僻郡思防盗，高人来典军。
经营刚半载，花卉已缤纷。

赠朴园书藏

遗书逾万卷，遗嘱复成行。
百代怀严训，千秋引义方。
永藏不诲盗，时习自流芳。
多少传家宝，何如此物强。

依韵和曾玉生谢赠像

国运方兴日，人才管乐俦。
舟中增阅历，海上度春秋。
帷幄资筹策，江湖作小留。
临歧聊赠像，惜别意悠悠。

依韵答陈伯东谢赠像

春中草满陂，出郭起凝思。
野旷堪游目，花明复解颐。
相逢嗟会短，将别觉忧滋。
小影聊持赠，行踪绿水歧。

依韵答高飞雄谢赠像

相贻惟小影，聊表别离衷。
聚散原无定，沧桑岂有穷。
违颜千里远，系念四时同。
国难何时已，东邻正启戎。

依韵和吴佩之遣怀

浮生原若梦，底事惹闲愁。
大地花争发，长江水自流。
胸怀常坦白，景物复祥休。
且待干戈定，乘槎返故州。

依韵答吴惕尘谢赠像

旧雨曾相约，安江作胜游。
水田方漠漠，春树复悠悠。
对景皆诗料，匡时乏荩猷。
请缨虽有愿，报国愧无谋。
五岳难飞度，三湘更小留。
偶逢风雅士，深感夜光投。
高谊铭肺腑，聊将素影酬。

祝何尊爵先生八秩齐眉

何公游泮早，尊体比朝阳。
爵位民钦仰，先施句艳狂。
生儿曾作宰，德望迈前皇。
配偶荆钗好，李门翠盖张。
夫田供饱暖，人境享安康。
八表倾心众，秩龄旷代长。
齐年登寿域，眉宇共飞扬。

赠邓晋康主任

雍容坐镇奠西陲，遣将东征屡出奇。
所喜三军能用命，年来苦战不知疲。

赠怡保陈其辉

喜看孟母抱双孙，儿媳和谐笑语温。
总是君家多福泽，方教寻到武陵源。

步槟城管震民原韵

遣怀正欲托篇诗，忽捧瑶章羡好辞。
所惜上元佳节序，天南不见雪梅姿。

贺空军赴日本散传单安旋

九霄之上度奇兵，直指扶桑天未明。
散罢檄文逾十万，从容返旆抵江城。

咏 时 事

同舟共济自同心，视昔如何不似今。
美法英苏俱助我，狰狞面目忍相侵。

步胡陶皆舟入吴淞感赋原韵

江水滔滔帆影残，狼烟高举客心寒。
吴娃旧宅余啼鸟，村落为墟不忍看。

戊寅夏月游西川

扁舟穿峡溯江流，乱日偏为汗漫游。
锦里栖迟逾两月，客旌又指古荣州。

旅居荣县招凤冈

绿树环村塔影低，青山当户稻粱齐。
主人一见情如故，扫榻殷勤任我栖。

由成都赴嘉定舟中作

大雾沈迷不见山，平明放棹水潺潺。
少焉日出阴霾散，舟过清江九折湾。

嘉　定

雅岷二水会嘉州，孤岛苍苍郭外浮。
古寺钟声催月上，万家砧杵报清秋。

川　南

酒旆江干弄晚风，川南秋尽橘初红。
心存家国身为客，好景何曾在眼中。

赠韦润珊教授

人生乐事是培才，桃李君门正盛开。
避难入川还讲学，不遑登岭探寒梅。

赠李仲曦师长

率师入晋立奇功，甘苦君能与卒同。
雪地冰天经百战，不教剧虏犯关中。

赠五通桥张学源处士

积善平生不自多，早蠲尘虑隐山阿。
论交为我蒸鸡黍，邂逅田家乐且和。

闻欧局有变感赋

不战竟能吞奥国，岂容捷克更偷安。
徒劳英相悬河口，莫挽欧洲既倒澜。

戊寅冬月感赋

神州此日正多才，如卉逢春次第开。
那管东来风雨妒，出墙红杏自低徊。

游 郫 县

盘堆角黍酒盈壶，门挂艾旗又插蒲。
西蜀古闽逢午节，云山虽隔俗无殊。

己 卯 七 七

芦沟桥上月明多，闺梦犹萦永定河。
岂料战端从此起，万千白骨凯旋歌。

汪精卫

寇深何事主和平，救国焉能不用兵。
与虎谋皮庸有益，居心莫测痛书生。

赠李协和将军

半生戎马历千艰，开国勋猷岂等闲。
任是名区颐养适，四方渴望起东山。

庚辰清和节游昆明（二首）

（一）

入滇日日处芳丛，无暑无寒一岁中。
绿遍郊原花满树，居民直与佛仙同。

（二）

枝头好鸟影双双，远客归心未可降。
安得临流容买棹，一帆风顺到家江。

悼海军阵亡士兵

殇国应无负此生，褒忠千古不磨声。
丈夫得死沙场上，马革裹尸万泪倾。

庚辰新秋感赋（五首）

（一）

一邦黩武世骚然，复我生机自有天。
怙恶不悛终取祸，前途巇险甚深渊。

（二）

光复河山指顾中，义旗浩浩大江东。
追奔看入扶桑境，跨海长鲸一夕风。

（三）

承平日久鲜言兵，血战三年神鬼惊。
举国男儿能壮勇，轻家破贼肯偷生。

（四）

寇兵猛进似狂涛，万骑千军斗九皋。
力尽筋疲争逝去，方知中土关门高。

（五）

边声四起夕阳沉，触目冰霜岁事深。
满地干戈犹未定，休嫌年老有雄心。

水　雷

海宇当年遗恨多，军机贵速岂容磨。
犀军从此人皆识，雷鼓声常动九河。

赠薛伯陵司令长官

寡能克众事尤难，破敌刚逢白露寒。
谁使三湘无虏迹，将军智足总师干。

赠贵阳余司令官华沐

苦战江南智勇全，精忠救国志弥坚。
一从瓜代移黔郡，镇抚仍难任息肩。

步李印泉监察使见赠原韵

从征万里久扬鞭，仆仆风尘月复年。
对镜须眉欣未白，愿同壮士共回天。

步叶肖鹤原韵

天晴出郭偶行行，警报传来喔喔鸣。
点点飞鸢横碧落，仰观高与白云平。

题文秀女士村景图

晴村秋渚绿杨堤，上有高人恋故栖。
对坐高谈天下事，花阴不觉日沉西。

寄族侄福榛（二首）

（一）

忧患天涯寄此身，读书自可养精神。
兴邦毕竟由多难，何必销声学避秦。

（二）

秋风飒飒酒旗飘，客路迢迢马足遥。
眼底溪山看未尽，却嫌筑郡不通潮。

和刘醒侬江畔杂吟（三首）

（一）

秋老山居作短吟，日光淡荡白云深。
隔篱恰值黄花放，欲与邻翁酒共斟。

（二）

气味相投意便亲，他乡邂逅岂无因。
百年大事原前定，月下何劳白首人。

（三）

诗赋关雎孰谓痴，两情相属不游移。
成家行见从白手，海誓山盟尔我知。

庚辰孟冬感赋

谁谓天公负我心，年来水旱不相侵。
欧西几片降幡出，多少英雄泪满襟。

意大利

罗马威名千古传，而今衰落不如前。
廿年生聚臻强盛，几度穷兵国欲颠。

希特拉

羽毛不满欲高飞，空使渔人得利归。
岂尽波兰分割易，南征北伐愿终违。

和族侄福榛中秋无月见寄

月到中秋分外明，却嫌此夕黯山城。
风云变幻无常态，未许嫦娥酒共倾。

贺三十年元旦

无边好景萃新年，又见春归在客先。
三百万人齐奏凯，男耕女织乐尧天。

步曾玉生原韵（三首）

（一）

作客又逢物候新，洞庭湖畔赋诗频。
肠枯那得入时句，满纸涂鸦愧示人。

（二）

国运方兴才辈出，春江堤上各扬鞭。
河山光复资群力，扫尽妖气好息肩。

（三）

见诗喜诵未穷源，学和无分五七言。
得句便完今日事，近唐近宋不知门。

卅年元旦步王师复原韵（二首）

（一）

昔岁遨游碧海边，今朝南楚作新年。
关山万里如飞度，赢得新诗百几篇。

（二）

莫愁两鬓已皤然，光复河山在此年。
千万流民归故土，牵萝补屋看炊烟。

步刘醒侬江畔杂吟原韵

黔东客路岭重重，惟有苍松尚耐冬。
行到湘西逢岁首，寒梅乍放酒初浓。

冬夜大风

北风彻夜梦难成，独对床前兽炭明。
直到晨曦穿户牖，犹余寒雨湿窗楹。

步马公武暮雪韵（三首）

（一）

北风卷地山村暮，瑞雪纷纷报岁来。
料是军门频献捷，著花窗外有寒梅。

（二）

东山高卧放新歌，忽报梅开春思多。
有酒何妨千日醉，沧溟此去不扬谿。

（三）

溪山幽处建亭台，更有寒梅手自栽。
春昼诗成方煮酒，纷纷瑞雪到门来。

步马公武白云山庄书感原韵（五首）

（一）

戎马半生历险艰，妖□已杀且投闲。

田园可叹荒芜遍，松菊犹存返故山。

（二）

为欲封侯久不归，身披锦绣绮罗衣。

梅花夜月春初艳，子弟江东迹渐稀。

（三）

花开犹未到蔷薇，底事山人昼掩扉。

伯乐难逢良马少，渭滨一老坐渔矶。

（四）

四方结纳沥胸肝，万里驰驱客梦残。

此日五溪聊息影，不堪双鬓镜中看。

（五）

登楼凭眺远村微，中有高人正息机。

随遇而安无不适，春明溪畔踏花归。

忆峨嵋（二首）

（一）

蜀中胜迹算峨嵋，缥缈青峰千仞奇。
远代浮屠今宛在，半空梵响警胡夷。

（二）

千年松院漫栖迟，恰值天寒岁晚时。
午夜枕边闻磬响，频教梦里与诗期。

抗　战

河山再造赖英雄，万里驰驱荆棘中。
百折不回成大业，千秋史册纪丰功。

和王师复新年偶作（四首）

（一）

浩歌响遏暮云边，客邸蹉跎又一年。
东望烟尘犹未泯，赋诗偶就两三篇。

（二）

国威丕振思怡然，扫荡妖气历四年。
晚岁豪怀仍未灭，欣看后进绘凌烟。

（三）

绮窗前有老梅横，似报今年复两京。
英杰夺魁知孰是，千秋史笔自能评。

（四）

锦绣河山渐复初，闲居谁谓食无鱼。
怡情何必长篇赋，且展云笺信手书。

春夜闻雷用白君锡见赠韵（二首）

（一）

惊破人间梦一场，风狂雨骤野茫茫。
不知谁触天公怒，彻夜雷声响未央。

（二）

似恐男儿忽国仇，惊雷昨夜震沧洲。
吾侪但有兴邦计，剧虏何从逞诡谋。

游 公 园

芳园十亩晓风轻，百卉争开照眼明。

士女如云咸竞赏，无边好景满艳城。

和蔡临冰自蜀至楚道上之作（三首）

（一）

游踪来自岭云西，四日归程趁健蹄。

一路春光收不尽，忽看绿水认长溪。

（二）

春中作客晓寒凄，柳绿桃红鸟乱啼。

蜀道所经皆峻岭，入湘喜又泛青溪。

（三）

图云关上任西东，过客登临兴不穷。

春日峰峦争耸翠，千山偶见雾冥蒙。

步叶肖鹤原韵

晚年犹好动，四海可为家。

际此烟尘重，无心问落花。

即　景

竹光摇粉壁，花影度芳庭。
雨过新诗就，风来宿酒醒。

以小像赠辰溪友人

临行贻小像，何足谓珍奇。
无以酬隆谊，留兹当薄仪。

仁寿堂吟草

《仁寿堂吟草》序

《仁寿堂吟草》者，故肃威上将军萨公鼎铭之所作也。公讳镇冰，先世为色目人，系出雁门萨氏；元末有官于福建省，遂隶籍闽县；十六传而至公。公以海军宿将扬历中外，垂六十年，尝摄国务总理及任福建省长，清廉公正，尤敬孤老，怜幼弱，赈灾恤贫，泽及群黎。居官之暇，辄青鞋布袜，巡游闾里，询民情,话家常，慈祥恺悌，闽中父老子弟，无不敬之如佛，称为菩萨。寿祺年二十一，留学燕都，时公已卸职闲居，闻一日出游吾邑，笠屐所经，观者填街塞巷，妇女携子抱孙，乞取名字以为荣；耆老则举旗鸣炮，焚香顶礼，真有若迎拜菩萨者然。其后四年，又闻山西友人言，公之返雁门故里也，乡亲欢迎之盛况，一如其在吾邑时。以寿祺所知，旧中国之下野官员，能得民众热烈爱戴如公者，盖廑有也。公年六十，始学诗，初嗜折枝吟，为之甚工；及将七十，始好为古近体，初不留稿，其族侄士武与爽盦惜其散佚，私自辑录，及公之殁，凡抄存遗诗九十有八首，并以晚岁乡人为公所筑之仁寿堂名其集。岁甲子，公殁已三十有三年，士武亦逝世。爽盦则年八十有七矣，举集以示寿祺，并冀能为之序。寿祺于公，为乡之后学，自少至老，无一日不敬慕公之为长德巨人也；获命序公之诗，何幸如之。讽诵之余，乃知公之为诗，一如其为人，虽年登耄耋，仍关心国家兴亡与夫人民疾苦，鼓励抗日救亡，收复台澎，歌颂抗美援朝，支援邻国，敌忾同仇，从不后人；感时抚事，形诸吟咏。始则叹狼烟之高举，悲村落之为墟，鸡虫攘夺；哀万姓之流离，物价潮涨；忧小民之安食，固无时而不痌瘝在抱。及神州解放，公已年逾九十，闻耕者各有其田，农民得以丰衣足食，而后喜可知也。公之诗，写景咏物者较少，偶有所作，亦时时流露“烈士暮年壮心不已”之情怀，如《步钟笠庵原韵》云：“见柳长思清代左，度关忧忆汉时班。”《游陇上》云：“村稀喜见民风朴，野旷常凭马力强。”《塞上怀古》云：“或策明驼临绝塞，未忘故土隔流沙。”咏《老骥》云：“安西如用骑，尤可捣楼兰。”若此之类，不一而足。其尤难者，公已德在人间，名留史乘，而谦卑自牧，诵其《次陈翼才游东岩韵》云：“勋业平生无足道，署名耻列旧时衔。”《次韵答陈韵珊太史》云：“耄年尚虚生，自愧不如死。为官无建树，何颜见君子。”益可想见其为人矣。《易·乾·文言》曰：“忠信，所以进德也。修辞立其诚，所以居业也。”公之为人与公之为诗，诚足以当之而无愧矣。爰书所怀，而为之序，以归爽翕；爽翕倘不以寿祺为无知而妄作也欤。

时公一九八四年二月十四日夏正甲子岁元宵前两日

乡后学霞浦黄寿祺谨序

赠海军少将高佑之

血战归来裹重伤，将军岂让戚南塘。
身同士卒尝甘苦，志为邦家救覆亡。
休养暂时如蛰伏，薰陶后进看龙骧。
羡君气共山河壮，不世勋劳引领望。

由闽赴沪舟中

秋日登舟下海东，夕阳细雨泛长虹。
行穿岛屿涛无力，坐看沧溟碧不穷。
作客何期眠食适，忧时但觉旰宵同。
江南此去逾千里，孤棹迢迢趁好风。

步赵尧生侍御原韵

城楼近接碧山阿，秋雨连宵添女萝。
午憩洞中消暑好，夜欹枕上梦游多。
寇氛未泯忧难释，民困犹深唤奈何。
尚望邦人能努力，同心同德勿偏颇。

游凉州

游旌回忆憩凉州，千仞祁连一望收。
日暮钟声萦古郭，雨过树色满前邱。
长城北越山丹境，驿路西通玉塞头。
秦代民工何处是，颓垣万里度春秋。

甘州重九

满阶落叶已凉天，薄醉田家费十千。
残菊经霜饶傲态，乔松耸翠度长年。
河山光复干戈后，车马驰驱关塞前。
此日一劳当永逸，更无剧虏犯三边。

甲申仲春偶作

丁年浮海乘桴去，饱阅沧桑到耄龄。
出没死生尝破浪，登临险阻每披星。
夏消酷暑云为幕，夜泊穷溟岛作屏。
晚岁游踪经陇蜀，涛声只许梦中听。

游陇上

陇上驱车道路长，悠悠旌旗抵边疆。
村稀却喜民风朴，野旷常凭马力强。
度漠连朝无水草，入关到处有林场。
左公一举天山定，使我邦人寿且康。

塞上怀古

萨氏元时初入塞，后人足迹遍中华。
海军服役垂三世，执政宣劳守一家。
或策明驼临绝漠，未忘故土隔流沙。
偶逢蒙古贤豪至，对饮归来听暮鸦。

步申风荪先生原韵

捷音七夕到山村，喜折花枝对酒樽。
醉里宁知云共榻，歌时不觉月临门。
风来西岭传秋信，雨过空阶上草痕。
从此万方烽火息，苍生何以答天恩。

和何铸九先生

美酒新诗乌角巾，先生随地可怡神。
枝头栖鸟皆良友，洞口啼猿亦故人。
早岁也曾游宦海，晚年不复逐劳尘。
乡园松菊俱无恙，合伴逍遥自在身。

赠台湾义勇队

隔绝宗邦五十春，年年辛苦为他人。
田园大半归殊族，少壮还多丧远滨。
天遣下临严可畏，义师东渡勇无伦。
中州台郡原兄弟，相助同为平等民。

步郎仲涤先生原韵

秋日降幡出石头，倭兵慑服待归舟。
更无烽火沿江举，但见衣冠绕郭游。
四面楚歌腾玉宇，三十越甲奠金瓯。
西陲讵意尤多难，长使人思恪靖侯。

步钟笠庵先生原韵

作客西陲久未还，葡萄美酒慰愁颜。
秋高鸿雁俱辞漠，日落牛羊自下山。
见柳长思清代左，渡关犹忆汉时班。
欣看我武维扬日，旌旗迎风河塞间。

闻日本乞降感赋

满地干戈今已定，人心欣慰万方同。
降王应悔当年错，盟主洵为一代雄。
骨暴沙场枯更白，血沾甲胄久还红。
蓬莱此日荒凉甚，败瓦颓垣遍海东。

步陶慕唐先生原韵

桃符举国灿然新，贺岁声中酒几巡。
梅吐清香宁让雪，笺题吉语漫迎春。
行看红紫花千树，更卜村庄粟万囷。
从此八荒烽火息，熙熙同作太平民。

赠马来亚侨胞

海外逐劳尘，侨胞蔼可亲。
郊迎情倍挚，夜宴品尤珍。
国事殷勤问，行踪次第询。
自惭无建树，枉作座中宾。

游凉州

凉州无酷暑，我辈快登临。
海寺堪娱目，钟楼亦惬心。
迎风花卉馥，过雨涧溪深。
建国功逾半，衔杯抒贺忱。

答郑守堪先生

八年离乱后，寰宇一番新。
三鸟空争长，中原大有人。
国从多难建，才为济时珍。
百战平强虏，还余五族亲。

己巳元旦偶作

不耕而食愧当时，不织而衣亦不宜。
一日健康须努力，闻人疾苦为扶持。

游古田小东偶作

四月南风刈麦忙，又看到处插青秧。
水田白鹭驯无比，每与耕牛相对望。

游古田杉洋

杉洋胜地快登临，朱子祠前望翠岑。
林壑清幽田野辟，先贤文化入人深。

游连江西溪

渡江逾岭复溪行，水碧山青无限情。
日暮舍舟投宿处，虚窗欹枕听泉声。

和陈鹿庄先生赏菊诗

黄花直与人同淡，老圃秋容尔许奇。
半放全开俱可赏，隔篱不觉久栖迟。

和胡陶皆君戊寅夏入沪感赋

江水滔滔帆影残，狼烟高举客心寒。
吴侬旧宅余啼鸟，村落为墟不忍看。

荣县招凤冈旅次

绿树环村塔影低，青山当户稻粱齐。
主人一见情如故，扫榻殷勤劝暂栖。

游嘉定

雅岷二水会嘉州，孤岛苍苍郭外浮。
古寺钟声催月上，万家砧杵报清秋。

戊寅冬月感赋

神州此日正多才，如卉逢春次第开。
那管东来风雨妒，出墙红杏自低回。

赠海军练生

饱阅沧桑二十春，栉风沐雨志超伦。
光阴寸寸无虚度，竟是娴通六艺人。

癸未春闻太平洋有战事感赋

太平洋面起狂澜，两岸居民感不安。
差幸同盟维大计，出师万里济时艰。

赠西安福建同乡

秋日登高眼界遥，翠华太乙接云霄。
同游俱是闽中彦，新捷传来宿恨消。

凉州孟夏

浩浩河西初夏天，桃红梨白正争妍。
忽从大漠风沙起，四望苍茫不见边。

河西道上

夏日游旌指玉门，征衫犹带雪霜痕。
漠程千里人烟少，向晚风狂欲断魂。

凉州新秋

河西地迥易惊秋，百八钟声出古楼。
向晚欲穷千里目，几重云树绕凉州。

丙子秋日游雁门

远越关山来代郡，为探先世旧家乡。
居人闻讯殷相问，劝我停骖意绪长。

赠海军练生（二首）

其 一

寰海拟长征，壮怀有足惊。
王溪聊小憩，杯茗话鹏程。

其 二

天下无难事，苦心感彼苍。
作舟当破浪，横渡太平洋。

甘州重九

作客重阳日，停骖处士家。
临轩闻朔雁，把酒赏黄花。

甲申除夕

七九消寒夜，残年见立春。
灯花先报喜，万象诘朝新。

题林步青山水

四望漫天雾，幽人兴不穷。
振衣清涧畔，倚杖绿阴中。

答吴次风

春光满眼作长游，行尽黔山见柳州。
芳草萋萋迎远旆，大荒漠漠接高楼。
国仇未复遑云老，寇焰犹张敢退休。
堪叹扶桑空黩武，南溟烟岛自悠悠。

和赵恬农

神州半沦陷，国事何其亟。
物价如潮涨，小民安得食。
欲将剧虏平，还赖吾侪力。
光复旧河山，万方自矜式。

纪九老会

漓江九老作春游，啼鸟飞花共一楼。
适见捷书天外至，夜光杯上瑞光浮。

赠林清浔先生

故人约我作春游，邀入田家使小留。
海错山珍常佐饭，花光柳色欲登楼。
一行白鹭过阡上，数点寒鸦落陌头。
当户福庐烟雨里，无边好景不胜收。

游广化寺步陈翼才韵

广化寺前春昼永，莆阳人杰地常灵。
苍松翠柏参雄塔，古冢残碑接远亭。
曲径寻幽泉水净，禅房礼佛篆烟青。
高僧此日难多觏，存者犹如欲曙星。

观木兰陂

德迈唐虞永不衰，石陂往事尚能追。
钱林财散征豪爽，冯李功成震夏夷。
行志孰如三长者，指迷还赖一禅师。
前朝祠宇今犹在，多少游人瞻仰之。

次翼才游东岩韵

年登耄耋身犹健，朋辈方疑我不凡。
避地也曾临绝漠，回乡何幸履东岩。
春游堤上还驰马，晚钓江心偶挂帆。
勋业平生无足道，署名耻列旧时衔。

游囊山寺次黄子平韵

古刹巍巍接大荒，晨钟暮鼓溯前唐。
国无今古兴还替，地有升沉海变桑。
列巘苍苍陈老柏，平原浩浩集斜阳。
禅房花卉多奇种，游客携归满袖香。

清和望日偶作

国事蜩螗志不移，山陬海澨漫栖迟。
论交却喜逢佳士，访旧惟应话昔时。
常欲拯民忘暮景，还思建业逞雄姿。
光阴度向风尘里，新暑将临尚未知。

和伯森侄

时艰犹自逞雄姿，独挽狂澜尚可期。
饱阅沧桑增感慨，遍游中外广闻知。
兴邦在望心常壮，接物无私意不疑。
为厌浮辞崇实语，爱将怀抱寄于诗。

收回台湾纪念次陈玉老韵

闽东台郡海中悬，千里纵横不见边。
割与强邻伤昔岁，收归华夏庆斯年。
民殷国富重依我，俗厚风淳殆自天。
存恤遗黎宁可缓，相亲还望比鱼泉。

溪行和陈翼才（二首）

（一）

溪中乱石各峥嵘，尽是天公一手成。
似洩人间无限恨，朝朝频作不平声。

（二）

溪行险处几回临，百港滩中水独深。
一叶扁舟穿乱石，凝眸不觉正吾襟。

和翼才赏李花（二首）

（一）

八闽春暖花争发，正月山城李叶青。
引得骚人吟兴动，纪游佳句满长亭。

（二）

春日游人陟彼冈，轻风剪剪度清香。
回看夹道花千树，桃李无言各淡妆。

收回台湾纪念（三首）

（一）

力屈倭人不背城，三军解甲竟行成。

台湾从此重依汉，修政期同日月明。

（二）

东渡元戎已受降，膏腴千里入新邦。

台民与我原同种，言语何曾有异腔。

（三）

莘莘学子亦从军，慷慨长征志迈群。

如火如荼临异域，不辞劳瘁扫妖氛。

收复闽东纪念

同心同德奏肤功，残虏成群窜海东。

各路追兵齐截击，漫山炮火霎时红。

题 梅 花

逊雪三分白，岁阑放异香。

寒梅着花日，远客正思乡。

和陈翼才双溪吟

地如邹鲁邑，礼教本家传。
居者多耕野，行人偶泛船。
读书穷万卷，买醉掷千钱。
留客情尤挚，盘桓不计天。

到仙游偶作

避乱八年余，奔波万里路。
虏平始入都，时人笑迟暮。
春中复出游，摇鞭穿绿树。
世事尚茫茫，岂能拂衣去。

和友人约明日游温泉

冬夜窗前雪几堆，低头有客拨炉灰。
消寒欲向温泉去，结伴先邀旧雨来。
野外寻梅饶逸趣，江干沽酒试诗才。
料知浴罢无纤垢，引袖迎风更举杯。

病中偶作

饱阅沧桑八十春，燕江卧病历兼旬。
归来养晦逾三月，相对惟余纸笔亲。

赠卓荣舜华伉俪

姑语吾犹忆，孙栖汝乍寻。
陈家多淑女，我辈几联襟。
事业千秋计，恩情一片心。
良缘天所定，佳耦结知音。

赠人和高级助产学校

张家有淑女，助产擅专长。
设校垂卅载，培才及万方。
妇婴蒙厚泽，远近获余庆。
战地疮痍众，收容德益彰。

老骥

老骥怀千里，人当刮目看。
逢河能稳涉，出塞不辞难。
心系天山路，神游瀚海湾。
安西如用骑，犹可捣楼兰。

和吴次风

衰朽妨贤路，退休职是故。
世事尚茫茫，试问谁能悟？

春朝偶作

未交惊蛰雷先发，枕上连宵闻雨声。
市远菜羹供薄膳，家贫蛎饼是珍烹。
敲诗偶步时人韵，鬻字聊资晚岁生。
早起飞花穿户入，枝头鸟语更怡情。

仁寿堂并序

戊寅之岁，余年八十，里中诸君子暨旧时袍泽，为集赀建堂，名曰仁寿。时余方西游，自是由蜀、而滇、桂、湘、黔、陕、甘，逾八年始归，即居斯堂，乃赋小诗纪之，并以为谢。

群公昔日建华堂，仁寿为名意绪长。
使我耄年身有托，倚栏及见国威扬。

戊子元旦

仁寿堂中岁序新，不胜感慨忆前人。
清香接席梅初放，坐领风光九十春。

戊子正月初三日

仁寿堂前景物幽，沧桑饱阅此归休。
泉山近可供心赏，九十年华倦远游。

新岁偶作

高卧泉山物候新，今为九十退休人。
桃红楝白花争发，燕语莺蹄处处春。

丁亥冬月答毛晓烟

耄岁无游兴，颓然处里门。
披书如获宝，耽教感流喧。
明恕徵心契，慈祥种福根。
义仓怀善举，远报在儿孙。

正月族人团拜

古族遍遐方，声名到处扬。
人人修孝弟，百世可弘昌。

己丑二月偶作次吴蔼辰韵

不才今年九十一，却曲难行如废物。
迩来腑气常不通，岂但头童齿牙脱。
差幸鬻字堪自给，口腹累人自不屑。
曾游代郡探祖居，县志犹详雁门萨。
归来依旧守乡园，目睹时艰如饥渴。
榕垣地僻无干戈，客有过者迭来谒。
昔岁交游遍中外，相逢面目犹仿佛。
或赠篇章志衷曲，张诸壁间供一瞥。
闲居犹可慰无聊，时偕旧雨话契阔。
或复解囊济吾困，似此风义真无匹。
晨起每与花木亲，日夕便把柴扉闭。
问余何以享高年，胥由先世积阴骘。
吁嗟乎！
鸡虫攘夺无已时，万姓流离空饱阅。
饰巾待终年复年，不觉转瞬登耄耋。
闽山高峻水清泠，志士由来尚气节。
花朝既过雨泽多，夏令须防溪水溢。

陈韵珊太史以五古一首题扇见赠次韵答之

耄岁尚虚生，自愧不如死。
为官无建树，何颜见君子。
退居北山隈，颇近城东市。
米薪价俱昂，挥金如敝屣。
自顾力就衰，何尝忘国耻。
视听虽如恒，所难在步履。
回首光绪间，识公津门里。
尊公亦入都，依公奉菽水。
曩时我远游，往返凭一苇。
年来同行者，为数恐无几。
都门昔小憩，深惭摄百揆。
无何避贤路，解组归故里。
四载长本州，亦复游边鄙。
量力济贫民，到处结高士。
捍患顺民情，余事留邑吏。
东方战事兴，游旌动无已。
先经马来州，作书每临几。
归来历西陲，祸乱平复起。
力疲返榕垣，服务在桑梓。
路梗世变奇，消息凭双鲤。

庚寅春日即事（二首）

其 一

群英建国共乘时，此日功成举世知。
薄海人民同吐气，遐方草木亦含滋。
关西旧治资开展，河北新都便主持。
虽在耄年闻喜讯，壮心忘却鬓如丝。

其 二

九十韶光又二年，同堂四代散三边。
壮龄浮海游殊域，耄岁登山对远天。
春日出门花似锦，江干赏景柳如烟。
何期及见新邦盛，偃武修文在眼前。

辛卯春步向欣新岁怀旧原韵

莺啼燕语逗春声，举世风云转眼更。
气壮宁愁吾任重，年高还羡客舟轻。
光阴可比东流水，梦寐难忘旧日情。
向晚晴霞犹灿烂，何妨畅聚话生平。

步大章感怀原韵

鼓声鸟语报新年，晴雨相乘正月天。
戒酒持斋还礼佛，提灯习舞似求仙。
立身须作匡时彦，济众方为冠世贤。
勤俭成家宜获福，行看瓜瓞更绵绵。

步继周即事原韵

师入三韩大有声，海东形势一番更。
美军屡败终难振，华裔方兴孰敢轻。
结日阴谋违夙约，援朝义举洽群情。
中苏两国临斯世，同德同心致太平。

中苏友好同盟互助条约周年纪念一九五一年二月十四日（二首）

（一）

廿载奔波定亚东，备尝艰苦建奇功。
中苏两国相携手，屈指周年心德同。

（二）

誓扫妖氛不顾身，如云猛将逐芳尘。
出师廿载安全国，立约千秋结比邻。
抗美为求消外侮，援朝可使定东滨。
任教强虏排山至，莫敌中苏亿兆民。

辛卯春日感怀

虚度韶光九十三，于今多病始停骖。
忧民不暇消寒暑，从役何须问苦甘。
此日栖山成野老，昔时当国比奇男。
回思履险如夷处，差幸心中有指南。

一九五一年国庆颂诗

中华解放两周年，耕者而今各有田。
治匪法严无报警，救邻师壮尽称贤。
一生劳动功为巨，四海和平志益坚。
愧我颓龄难建树，小诗奉祝助宣传。

一九五二年元旦

但见韶华到处催，新年又逐鼓声来。
风光乍改人心奋，时局潜移国运回。
师旅东征摧美日，德威南被遍澎台。
同盟坚决相匡助，为祝成功酒一杯。

中苏友好同盟互助条约纪念

中苏新政重安民，念及全球各族人。
可使同居如一姓，不教异视昧天真。
美洲财阀存私见，韩土灾黎陷劫尘。
两载干戈寒敌胆，万千豪俊结芳邻。

国庆两周年纪念

于今国庆两周年，欣见农人各得田。
食足莫忘兄弟苦，身勤可使子孙贤。
风狂雨骤耕难辍，暮去朝来志益坚。
鼓腹而歌民尽乐，中华善政八荒传。

志愿军周年纪念

美师黩武犯东邻，破坏和平种恶因。
强把日人供指使，渐将韩土陷烟尘。
株连诸国青年者，激动中华好义民。
志愿成军同赴援，于今一载历艰辛。

苏联卅四年十月革命纪念

卅四年前逐暴皇，苏联政治立新章。
尊卑不别交游便，贫富无分饮食良。
民族相逢同讲信，国疆互接共图强。
还将改革期长记，盛举应流千古芳。

和王卓老筑坝纪念（二首）

（一）

无际川流乱九阡，难施耕作已多年。
于今水坝工全竣，人力争回万亩田。

（二）

今人不复让前贤，着力寒沙辟野烟。
水坝功成能远逮，始知众志比城坚。

《仁寿堂吟草》跋

吾家自天锡公以《雁门集》著称后，代有诗人，《白华》、《荔影》、《珠光》、《湘南》等集，次第行世；近则族叔鼎铭先生，以海军宿将，扬历中外，垂六十年，尝枋国政，清勤公正，妇孺知名，迨晚岁始学吟咏，嗜之殊深，所作每累数十首，后因索阅者众，辄刊小册赠人，不自留稿，盖无藉诗名以为重也。今距捐馆恰周十稔，偶于箧衍中，检得其《客中》、《里门》、《耄年》各吟草数卷，钞存若干首，综名曰：《仁寿堂吟草》，仁寿堂者，先生退休后燕居之所也。

公元一九六二年十月侄伯森（兆寅）谨识

仁寿堂吟草补遗

平汉途中

晓发襄江尚未寒，夜过荥泽觉衣单。
黄河桥上轻车渡，月照中流好共看。

南港有感

面水背山万顷田，于今开辟过千年。
无穷地利谁能识，但愿村人解举贤。

喜南港苏州桥落成

回忆当年病涉时，寒天没胫剧堪悲。
桥成今日诸无苦，来往行人险化夷。

马江赴厦舟中偶作

风急涛飞上柁楼，沧溟回首感浮沤。
薄飧晚食充饥适，短榻闲眠入梦幽。
烽火三秋迷古驿，海程千里泛孤舟。
鹭江屈指明朝到，酬酢还应数日留。

游漳州

漳州富庶甲南闽，入境欣看气象新。
商业骈臻知物阜，士风高尚见民淳。
田佳菽粟无愁乏，海近鱼盐不谓珍。
或涉重洋成巨贾，往来万里若交邻。

新岁感怀

不才今年九十二，明窗净几还习字。
医者劝我食鲥鱼，求之于市殊不易。
二三良朋念我衰，时以此鱼来相遗。
日食一尾力渐强，奇哉老病犹可治。
忆昔军行不守纪，所过惟知逐货利。
主将由是失人心，重重险要等闲弃。
锦绣河山畀与人，既败乃无立足地。
乞援他邦不可得，扼守蓬瀛且引避。
义师所至先安民，亿兆人心归一致。
定都河北建新邦，贤主真有过人智。
交邻有道尤多助，诸国闻风俱委贽。
从今天下应可定，群英咸遂平生志。
年登耄耋复何求，奚敢自居为人瑞。
乏善足陈空偷生，食粟而已伤老骥。
春来步履如差健，还思北上游市肆。
欲寻旧雨恐无几，举目且看烟景异。

闲居偶作

国疆昔小而今大，民治虽分终必联。
人类求安原有道，俗情狃旧尚无边。
忘怀富贵心常乐，从事勤劳志益坚。
所望群公齐努力，相扶世运顺乎天。

太姥山阻雨

未到重阳效避灾，摩霄峰侧逐群来。
连朝竟过潇潇雨，不及探幽不肯回。

由太姥洋至太姥山

尧日兹山仙姥宅，乾坤今后说尧时。
九州有客平洪水，为姥深山牧鹿麋。

客中吟草

怀美国前总统罗斯福公

意诚心正复身修，天下为怀合万流。
四统联邦征望重，独回世运仗才优。
勋名彪炳垂千古，德泽涵濡遍五洲。
百折不回成大业，主持人道援同舟。

怀前主席林公

揭竿开国气如龙，坐镇雍容冬复冬。
胜迹遍寻时入洞，禅林可探偶登峰。
与民同乐尝临沼，于世无求每抚松。
岁暮买舟归故里，偷闲还欲赏葱茏。

赠陶总司令

河西开府作屏藩，蕃汉怀威无闲言。
暑尽黄云弥四野，秋高皓月照千门。
蔽空大旆迎风动，震地笳声破晓喧。
但见边陲成乐土，谁知宿将植深根。

贺朱桢甫先生新庄落成

凯歌声里置新庄，四代冠裳共一堂。
万里河山初底定，满庭兰桂正争芳。
乔迁当享遐龄福，回顾难忘昔日忙。
人杰地灵尤足羡，金城从此是先乡。

赠蔡振东君

博古通今士，勋名左券操。
襟怀侔李杜，才略等萧曹。
况乃年华富，超然格调高。
出山应有日，谋国岂辞劳。

秋日游草海

西风驱黄叶，草海浪花浮。
欲觅栖仙洞，爰登刳木舟。
归鸦驼夕照，征雁下寒流。
地僻无烽火，聊为汗漫游。

赠徐韵潮君

才过重阳节，文星莅世时。
樽盈延寿酒，菊有傲霜枝。
忝与千龄宴，爰成四韵诗。
主人情可感，把酒祝期颐。

赠孙少元老先生

往来无定时，乍聚复歌骊。
流水行人意，高山学士诗。
游踪云影共，客梦月光随。
此去几千里，言旋未有期。

和钟笠庵先生（二首）

（一）

塞上风沙重，何来一白头。
行当游大漠，今且处岑楼。
犹作杞人想，殆非隐者流。
天年如可假，还欲觅封侯。

（二）

春光弥宇宙，野色尚微茫。
雪拥蓝关白，梅开庾岭香。
鸟因求食下，人为看灯狂。
谁念西征者，天山道路长。

赠房沧浪先生

燕地幽囚十二旬，房生志节更无伦。
蛟龙得雨凌霄去，万里山河眼底新。

贺赖彭两家结婚

湘水闽山路八千，淑娟吉士结良缘。
中秋时节长安月，锦上添花启喜筵。

答朱一民长官

李郭勋名仁者姿，将星出值九秋时。
千龄宴上偏怜老，使我陶然也赋诗。

赠简少卿先生

北美联邦武曲星，金光灿烂照华廷。
河干列宿原兄弟，境上相逢羡壮龄。

和申醒华先生

忆君昔岁宰闽东，邂逅相逢雅集中。
一别于今垂十载，何期锦里接高风。

颂尼米兹将军

独挽重洋万里澜，尼公功烈迈齐桓。
竟教三岛成灰烬，长使倭人心胆寒。

和袁石安先生

风日晴和且出游，征骖西越祁连头。
郊原千里生春草，引得成群羊与牛。

和居院长

频年布政志难宣，建国功成始外传。
溽暑驰驱临玉塞，谦光下逮直空前。

答方瑜庄先生（二首）

（一）

忽得故人一纸书，河西作客正闲居。
好词捧向秋风诵，百镒黄金总不如。

（二）

处世奈何薄四书，异端使我不安居。
谁能搜集圣贤语，于国于民益莫如。

赠陈淑珠女士

君乃女中杰，大名天下知。
风尘仆仆里，奉母与匡时。

赠威宁福建同乡

威宁过午节，不见赛龙舟。
杯茗谈乡事，篇诗纪胜游。

赠李翼廷先生

南宋忠臣裔，繁荣遍古闽。
乾坤留正气，千古不能湮。

空军石司令官招饮赋此赠之

冬夜启琼筵，相逢胜利年。
主人经百战，端合绘凌烟。

赠麦帅

率师超碧海，猛将集如云。
百战平三岛，威名天下闻。

客中吟草补遗

挽戴安澜师长

腰横宝剑六钧弓，大将南征胆气雄。
蛮蠢竟教人假道，师强岂许虏吟风。
出关破敌伸忠悃，勒石酬庸秉大公。
伫见殊荒归版籍，车书万里永相同。

和李崧老

郊游爱把惠风招，禅院花深远市嚣。
曲水每当春暮绿，乔松不为岁寒凋。
军兴诗彦同忧国，地僻居民半业樵。
值此米珠薪桂景，谁能万贯日缠腰。

和张蓬舟

虏焰纵横几度秋，愿随志士报深仇。
际兹多难兴邦日，莫笑军前有白头。

里门吟草

和林其蓉

花光满眼醉春风，挈榼提壶到处同。
市远盘飧供旧雨，时清尊酒谢天公。
敲诗偶伴西乡彦，养晦犹逢异域雄。
林下优游多逸趣，达人知命岂愁穷。

答钟芝庵

西望秦关隔野烟，晓檐残溜滴涓涓。
壮游回忆逾千里，耄景空过又一年。
祸变相乘伤故国，萑苻不靖惜良田。
闭门鬻字差能给，怀旧成诗不计篇。

和潘宗祚（三首）

（一）

舍北舍南春水平，陌头柳色更轻盈。
闺中少妇登楼望，夫婿犹羁万里程。

（二）

东风吹雨遍南州，物换星移又一周。
春日出门花似锦，无边好景任遨游。

（三）

花明柳暗客无愁，薄暮春城灯影稠。
剪剪轻风翻酒旆，长街短巷起清讴。

步鼓山莲社韵

鼓声动处息劳尘，山寺僧徒证净因。
莲座旁多听偈者，社前客亦学修真。

步社长悟修韵

社雨霏霏佛国春，长僧引众渡迷津。
悟禅岂为身求福，修道同期作善人。

赠陈植、关筠新耦

新婚佳偶敬如宾，梁孟长为举案人。
好鸟双栖花并蒂，和谐自造一家春。

和汪克东

诞日累人为设筵，良朋千里隔江天。
追怀昔岁同浮海，一别于今数十年。

和李俊承

吾羡李夫子，才能夙迈群。
天南新业建，四海大名闻。
料事明如月，论交义薄云。
措施咸得当，遐迩挹高芬。

答甘寿罗

百废方兴日，中原大有人。
并全珍玉石，有操重松筠。
德薄遑言寿，力微难济贫。
但期清海甸，闲遣晚年身。

答林春煦

九十颓龄至，平生不学仙。
丁年尝渡海，春夜偶临筵。
世变奇如许，花光烂欲然。
抚躬伤鬓白，对景觉愁牵。
饱阅沧桑幻，深惭性命全。
兵争犹未息，民困尚联绵。
避乱知何处，匡时仰大贤。
关心三径绿，触目万芳鲜。
远道来诗什，乡园理锦笺。
鸿情无以报，爰作一长篇。

赠天主教神父

若梦感浮生，耄年罢远征。
今闻君布道，心地渐光明。

赠 徐 母

惟有徐家母，贤名千古传。
儿孙耕与读，一一可光前。

赠汪克东

别来数十年，莫得共芳筵。
江右风光好，羡君乐若仙。

赠台湾考察团（二首）

（一）

东海巍巍岛，人烟百万家。
年来文物盛，锦上更添花。

（二）

济济台中士，来为祖国游。
奔波烟雨里，莫是访名流。

耄年吟草

一九五一年国庆颂诗（又一首）

国疆昔小而今大，民治难分终必联。
人类求安原有道，俗情狃旧尚无边。
忘怀富贵心常乐，徒事勤劳志益坚。
所望群公齐努力，相扶世运顺乎天。

萨镇冰逸诗补遗

步陈音臣先生原韵[1]

干戈未定不胜忧，此日何能更退休。
桑梓安危难漠视，浑忘老气已横秋。

步张心如先生原韵[2]

我生何必问前因，但愿毋辜百岁身。
莫任寸阴虚度去，随时努力帮助人。

注：

[1]见徐君爵《中国船政风云人物——萨镇冰》一文。

[2]见徐君爵《中国船政风云人物——萨镇冰》一文。

适中邀客[1]

庚午春节于龙岩适中荆花别墅。

奔波无已度余年，不尽春光过眼前。
几次升沉浑似梦，四方结纳岂非缘。
出游遑问路千里，感赋曾成诗百篇。
雅上相逢还惜别，停骖不恋动归鞭。

注：

[1]据龙岩《适中文史通讯》第七期载林宪曾《萨镇冰设宴征诗》一文。文中称：镇冰公于己巳年冬来适中，初寓于敦古村银泉楼，后移寓龙埔村荆花别墅。出入只带随从刘依祥。镇冰于庚午人日假荆花别墅设宴邀请适中士人集中唱和，并将答和诗篇汇编印发。此举确系适中史上仅有。当时唱和诗篇颇多，惟多所散佚。今只得林维周和诗一首。诗云："学观荒来数十年，续貂恐笑大方前。诗裁夜雨添新兴，结社香山却俗缘。画壁旗亭争压卷，词坛树帜快连篇。春风满座联吟罢，恨我无因与执鞭。"

赠谭天萍[1]

晚年犹好动，南楚驻吟旌。
揽胜添诗料，当筵问酒名。
风声惊座客，月色伴行兵。
乱日栖迟处，相依无限情。

注：

[1]20世纪40年代初，谭天萍在衡阳《力报》曾写一篇访问萨镇冰的报道，后被《东南日报》转载。镇冰公曾予以赞许，并作此五言律诗一首。见1990年3月28日《福州晚报》蔡鸿干先生短文。

岁首书怀（四首）[1]

（一）

税驾东皇已载奔，史家正月亦推尊。
椒花献颂诗尤雅，梅萼凝香酒正温。
闲对盘餐谙世味，贫珍粒粟感天恩。
万端关键从今后，爆竹声中看转坤。

（二）

投绂归来意自闲，吟风啸月卧林间。
楼前雪重方谋醉，窗外梅香又展颜。
理乱不知亲曲蘖，阴晴无间赏湖山。
起居斗室身常泰，幻梦尘缘一例删。

（三）

干戈未定梦魂惊，薄海喁喁望太平。
财竭何从能雪耻，谋歧那得不寒盟。
空谈徒惹强邻笑，高调难谐举国声。
载道流亡仍莫恤，浮云富贵更为轻。

（四）

鬓衰不复见青丝，仆仆风尘尚载驰。
关内群雄纷斩木，天涯遗老悄观棋。
满盘皆错成残局，一日难宁负夙期。
故国如今无净土，不知何处可栖迟。

注：

[1]《岁首书怀（四首）》载《现代中国名人外史》第303-304页。

寄叶恭绰先生[1]

衰躯不与世争先，偶向经坛拜梵王。
尚望舟山能再振，海气一扫捍岩疆。

注：

[1]此诗见徐君爵《中国船政风云人物——萨镇冰》。文中称：1952年5月25日毛泽东同志在致任中央文史研究馆副馆长、北京中国画院叶恭绰先生一封信中说："数月前接读惠书，并附萨镇冰先生所作诗一首。不久，又接读大作二首，均极感谢。萨先生现已作古，其新作诗已成纪念品。读后特附还，请予保存。"闻毛泽东同志对萨镇冰颇为赏识。此诗今尚安存国史馆。

仁寿堂集

第三编

·

楹联　题石　题匾选

楹 联

挽甲申中法马江战役闽海烈士

东海喋血，七百忠魂死不瞑目

福州泣泪，八方义士生必雪耻

1928春，自题门联

胸有春秋全史

目无吴魏群雄

为福州北门高升馆客堂题联

顽云难掩长空净

好月能扫大野昏

题戚公祠

威略直匹岳家军，闽浙播讴歌，武穆千古，武毅千古

勋名上齐李丞相，湖山瞻庙貌，有宋一人，有明一人

赠谢文豪先生[1]

合诗书成三益

以花鸟为四邻

赠谢葆璋先生

穷达尽为身外事

升沉不改故人情

注：

[1]本联写于20世纪30年代初，在闽西龙岩县（今龙岩市）适中施赈时。

题宁德天王寺联

愿将佛手双垂下

摩得人心一样平

集唐碑句

蕴智成囊，含明若镜

凭春洒翰，席月抽琴

题诗颔联

忘怀富贵心常乐

从事勤劳志益坚

自题联

若无后悔须勤学

各有前因莫羡人

题万石岩寺联

经翻贝叶云生榻
定入蒲团月绕檐

1948年题赠沧溪先生

国富都由施善政
中虚乃得受嘉言

题赠敦侯先生

受人一虚求是于实
所见者大独为其难

题赠侄孙女本崐

得好友来如对月
有奇书读胜看花

题赠侄孙本珪

国从多难建

才为济时珍

1959年为永泰方广岩脱凡室题联

贤母耐艰贞，懿范可风传里乘

佳儿知安命，孝名无愧著乡评

题 石

1923年冬，为南平王堂选义修三千八百坎古道题刻

义声载道

1932年冬，霞浦县浚河诗碑

疏河大禹古称仁，此日松城步后尘

万众辛劳天不负，功成千载利斯民

福建太姥山题刻

云无心以出岫

鸟倦飞而知还

长乐金刚腿公园题刻

金刚濯足

题匾

1923年，福建省长任内，为福清名胜石竹山石竹寺题匾

扫除名利

1924年，为民族英雄黄乃模题匾

冰雪双清

匾末附文：乃模则为余长北洋海军学堂时优等卒业者，李文忠公深器重之。甲午大东沟之役，邓世昌长致远军舰，乃模副之。致远隔于敌，乃模从邓公殉难，赐恤祭葬……所遗两孤，长景昆，次景徽；妻刘夫人，茹苦鞠育。长成后遣赴南洋习医。既卒业，皆能卓自树立。余深叹忠节萃于一门，未乃旌表，谨匾一方，以彰懿烈，亦欲籍以属世摩钝也。

1935年，为永泰方广岩住持释通清书写横幅

福寿绵长

赠黄鳌振老先生

题马尾昭忠祠

碧血千秋[1]

1924年11月，为政和县杨作楫先生题匾

令德孔昭

注：

[1]原题匾毁于“文革”中，今祠中题匾落款：萨镇冰题，沈觐寿书。

仁壽堂集

附录

萨镇冰在雁门入闽萨氏家族中的世系承嗣表

一世始祖	二世	三世	四世	五世	六世	七世	八世
仲礼(守仁)	琅	琦	文明	世泰	钍	子华	希亮(景明，号葛斋)

九世	十世(世次：人)	十一世(心)	十二世(启)	十三世(肇)	十四世(聿)	十五世(怀)
容(与相、愧隐)(第一分支始祖)	位(立人)(一支长房)	谟(心禹、甸山)	知柔(启淳)	秉鸿(肇轩)	九畴(聿藩)	怡臣(怀良、纳吉)

十六世(多)	十七世(福)	十八世[1](本)	十九世(支)	二十世(百)	二十一世(世)
镇冰(鼎铭)	福均(小铭)	本远	支茂	百川	世铭
				百涵(女)	
				百诗(女)	
			支平	百里(女)	世冰
		本莲(女)			
		本蓉(女)			
		本樱(女)			
	淑端(女)				

注：

[1]自十八世起定居美国。

萨鼎铭先生年谱[1]

萨兆桐（伯森） 萨兆寅（士武）谨编
萨嘉榘（逸樵）[2]录校
萨本珪 谨补并注

1859年（清咸丰九年，己未），公一岁。

二月二十六日[3]已时，生于福州。公姓萨氏，名镇冰，字鼎铭，先世为色目人；始祖萨拉布哈，原名思兰不花，累著佐命勋伐，受知于元世祖，

注：

[1]萨鼎铭（1859—1952），名镇冰，中国近代海军耆宿。《萨鼎铭先生年谱》，系其宗侄伯森、士武二人于1948年春同编，以为镇冰90诞辰献寿之作。（原稿写到1948年）萨伯森（1897—1985），原名兆桐，号听潮子，晚号爽龛；原福建省文史馆馆员。萨士武(1902—1967)，名兆寅，号师虎；原福建省图书馆馆长。此《年谱》编纂于中华人民共和国成立前一年半。谱稿于1966年“文革”中散佚。士武冤死于“文革”（十一届三中全会后平反昭雪，恢复名誉）。“文革”后，伯森只觅得《年谱》初稿，并在末页墨书云：“此稿非最后定稿。定稿甚详，毁于浩劫之火矣。”今保留原文，不作改动（只作个别文字订正和补注于文后），以尊重原作者。惟将每年的公元纪年提到前面，将朝代年份和干支改在括号内。自1948年以后迄1952年4月镇冰公逝世止之四年间，年谱内容，由镇冰宗侄孙本珪补编，在行文上尽量与原稿编者风格保持一致，以便览读。

[2]萨嘉榘，字逸樵，萨镇冰之宗弟，萨士武之父。

[3]年谱中某月某日，在公元1911年之前均指农历。二月二十六日，即阳历3月30日。

命仗节钺。再传阿鲁赤公，元英宗朝留镇云代。[1]子天锡，[2]官元南台侍御史，以诗名；今所行《雁门集》者是也。天锡弟天与生仲礼，[3]元统癸酉（1333）进士，福建行中书省检校，遂家于闽，十六传至公。

曾祖秉鸿，字肇轩。祖九畴，字聿藩，诰赠建威将军。父怡臣，字怀良，号纳吉，诰赠建威将军。

是年，同里严复七岁。

1860年（咸丰十年，庚申），公二岁。

1861年（咸丰十一年，辛酉），公三岁。

1862年（同治元年，壬戌），公四岁。

1863年（同治二年，癸亥），公五岁。

1864年（同治三年，甲子），公六岁。

1865年（同治四年，乙丑），公七岁。

入塾读书，业师王崧辰。（按：王崧辰，字小希，为邑名儒；王景贤长子。景贤，字子希，号希斋；道光己亥举人，咸丰元年孝廉。方正服习陆

注：

[1]云、代，指今河北省北部赤城至山西省北部代州一带。

[2]萨都剌，先世蒙古色目答氏蛮氏；生于山西雁门，遂为雁门人。元英宗（1321—1323）时，萨都剌被赐姓"萨"；萨都剌得姓后，取汉名天赐，号直斋，是萨氏家族定姓之始。距今690年。萨都剌，元泰定四年（1327）进士。至元元年（1335）冬奉诏入闽，任福建闽海道肃政廉访司知事；翌岁初夏到任，在闽任职一年半；调河北道肃政廉访司经历。萨都剌携眷属离闽。

[3]萨仲礼，字守仁，为雁门萨氏入闽之始祖。据《族谱》载，入闽时居三山城内之通贤坊；享年74岁，卒葬侯官县大梦山。明代赠侍郎詹事。与汉族通婚，配林氏讳厚，继沙氏讳贞，生子琅。琅，《福建通志》、《福州府志》、《闽书》俱入孝义传。

清献张清恪之遗书。崧辰幼肄业鳌峰书院；咸丰九年举于乡，同年十月成进士，授翰林院庶吉士。）

1866年（同治五年，丙寅），公八岁。

在家塾读书。[1]

是年，闽浙总督左宗棠议兴船政。奏称：“我国三面濒海，各国火轮、兵船直达津沽，藩篱几同虚设；商务减色，漕运艰难，非设局急造轮船不为功。”又称：“福建马江一带，水深土实，开漕濬渠可为建厂之地。”清廷允行，是为中国（现代）海军萌芽之始。

十月，孙文生于广东香山县翠亨村。

1867年（同治六年，丁卯），公九岁。

在家垫读书。

是年，前江西巡抚沈葆桢总理船政，在马江购机器、筑船坞，设前后两学堂，招髫年聪颖子弟肄习制造、驾驶诸术；以法国人日意格、德克碑为正副监督。

1868年（同治七年，戊辰），公十岁。

在家塾读书。

注：

[1]因家贫，聪慧好学之镇冰不忍拖累父亲，乃投奔待他视如己出之乳母。乳母将镇冰安置于家居黄巷福州名中医、镇冰之宗叔萨觉民家中。觉民字怀锵，号铿藩；行医以济世为本，在其处方上印有“半作生涯半济人”字样。镇冰在铿藩家便与铿藩之子嘉谷及侄嘉乐同窗，从宗叔萨澹秋受业3年。幼年镇冰投靠宗叔铿藩，不仅生活有所依托，继续受孔孟之教，且意外地得到日后到马尾船政学习之机会；而此机缘竟决定镇冰一生献身中国海军之人生道路（参阅萨本珪《寻访萨镇冰在福州的足迹》，载《福建民族》，2000年第4期）。

是年九月，我国始建轮船于马尾船厂。

1869年（同治八年，己巳），公十一岁。

入马尾船政后学堂[1]肄业。

是年，闽浙总督购海东云兵船为台湾沿海巡缉之用。

1870年（同治九年，庚午），公十二岁。

在马尾船政后学堂肄业。

是年，船政后学堂驾驶第一届毕业生，计有罗丰禄、何心川、蒋超英、刘步蟾、叶伯鋆、方伯谦、严宗光、叶祖珪、郑毓英等三十三名。

1871年（同治十年，辛未），公十三岁。

仍在马尾船政后学堂肄业。

是年，船政派学生严宗光（后改名复）、刘步蟾、林泰曾、何心川、叶祖珪、蒋超英、方伯谦、林承漠、沈有恒、林永升、邱宝仁、郑涛泉、叶伯鋆、黄建勋、许寿山、陈毓淞、柴卓群、陈锦荣等十八人，并外学堂各生登建威练船练习，巡历南至星加坡、槟榔屿各口岸，北至直隶湾、辽东湾各口岸。

1872年（同治十一年，壬申），公十四岁。

船政后学堂毕业（按：船政后学堂第二届毕业，计十三名，公居首，次为叶琛、邓聪保、林颖启、吴梦良、陈锡三、江懋祉、郑文郁、陈文庆、唐宸科，林国裕、卢华大、卢鸿杰等）。

是年二月，两江总督曾国藩卒于任所。

1873年（同治十二年，癸酉），公十五岁。

派在船[2]上练习。

注：

[1]船政设前后学堂，前学堂学轮船制造，习法文；后学堂学轮船驾驶，习英语。
[2]“扬武”号，轻巡洋舰。木质兵船。

1874年（同治十三年，甲戌），公十六岁。

任巡缉台湾沿海海东云兵舰二副。

是年，清廷授沈葆桢为钦差大臣，办理台湾地方海防兼理各国事务大臣。时日本商船避风停泊台湾；生番杀害日人，日本遂派西乡从道率兵上陆进攻番社。沈葆桢至，布置防务，与日本议定抚恤，日始撤兵而归。

十二月，同治崩，无嗣；以奕譞长子载湉继位。明年，改为光绪元年。

1875年（光绪元年，乙亥），公十七岁。

上扬武练习舰，充少尉职；提督蔡国祥为督练，洋将德勒塞为总教习。将建威[1]所有练习生移入；公及林颖启、吴开泰、江懋祉、叶琛、林履中、蓝建枢、戴伯康、许济川、陈英、林森林、韦振声、史建中等，均被派登船见习。行外海，游历新嘉坡、小吕宋、槟榔屿各埠，至日本而返。

四月，清政府以沈葆桢为两江总督，兼办通商事务大臣。

1876年（光绪二年，丙子），公十八岁。

夫人陈氏来归。

冬，沈葆桢会同直隶总督李鸿章奏派洋监督日意格带同随员马建忠，文案陈季同，翻译罗丰禄，制造学生郑清廉、罗臻禄、李寿田、吴德章、梁炳年、陈林璋、池贞铨、杨廉臣、林日章、张全生、林怡游、林庆升，艺徒裘国安、陈可会、郭瑞珪、刘懋勋、王桂芳、张启正、吴学锵，驾驶学生公及刘步蟾、林泰曾、蒋超英、方伯谦、严宗光、何心川、林永升、叶祖珪、黄建勋、江懋祉、林颖启等，先后分赴英、法各国。并先派在法国之魏瀚、陈兆翱入其大学堂、铁甲船、制造厂各处练习。此为船政第一届出洋学生。

1877年，（光绪三年，丁丑），公十九岁。

赴英学习驾驶。与蒋超英、林颖启、江懋祉、黄建勋、方伯谦、林永

注：

[1]“建威”号，钢肋钢壳快船。

升、叶祖珪、严宗光、何心川等，均于是年三月到洋。旋偕方伯谦、林永升、叶祖珪同入格林回次官学[1]先习行船理法。

1878年，（光绪四年，戊寅），公二十岁。

仍在格林回次官学研究行船理法。

是时发捻[2]初平，患在外侮。直督李鸿章、江督沈葆桢提倡兴办海军，不遗余力。闽厂、沪局自制之船陆续下水；外洋订购蚊船、炮舰以次到华。出洋毕业各生亦先后回国，南北洋争先留用，得之惟恐或后。沈葆桢又奏定各省协款每年解南北洋各二百万两，专储为筹办海军之用，期以十年成南洋、北洋、粤洋海军三大支嗣；犹恐缓不及事，请以四百万两尽解北洋，俟北洋成军后再解南洋。于是，筹议多购碰快船、铁甲舰及各种蚊子炮船，以期编练。适值晋省告饥，朝士议提海军款以济之。沈葆桢以为大戚，贻书李鸿章争之，谓“国家安危所系，沈葆桢老病不及见，必我公异日之悔”。遂奏请将前项协款仍以分解南北洋，拟各治一军，以求速效。旋又有人建议提海军款百万为颐和园建筑费者。于是，园工无已时，而海军款二千余万尽输入颐和园之用矣！南洋调集之款数百万亦为江督提办朱家山河工筑室道谋，此海军之所以不振也。

1879年（光绪五年，己卯），公二十一岁。

在英国舰队练习。[3]

注：

[1]指英国格林尼治皇家海军学院。同时准入皇家海军学院还有严宗光、何心川等，计6人。

[2]发捻，即捻军，是太平天国时期北方之农民起义军。

[3]登英国海军新式重型战船门那次（MONARCH）号，习“操防、排布、迎御之法”；远航地中海、大西洋、印度洋，到达美利坚、非洲等地。

船政制康济兵船成。

是冬，沈葆桢卒于两江总督任所。适值日本占琉球为冲绳县。庶子王先谦奏请兴师问罪，事交南北洋大臣会议。沈葆桢遗疏称：“天下事多坏于因循，但纠因循之弊，继之以卤莽，则其祸更烈。日本自台湾归后，[1]君臣上下早作夜思，其意安在？若我海军全无能力冒昧一试，后悔方长。”廷旨交北洋办理。沈葆桢卒后，海军之规划专属于李鸿章，乃设水师营务处于天津，办理海军事务，以道员马建忠董之。

1880年（光绪六年，庚辰），公二十二岁。

三月，赴英学习已届三年期满，经李凤苞[2]咨送回国。

是年，天津设立水师学堂以严宗光为总教习。

同年，船政制澄庆兵船成。

1881年（光绪七年，辛巳），公二十三岁。

任澄庆兵船大副。

四月十三日，女淑端生（后适陈兆汉）。

是年，北洋会同船政续选学生李鼎新、陈兆艺、王庆端、黄庭、李芳荣、魏暹、王福昌、王回澜、陈伯璋、陈才端等十人出洋肄业。此为船政第二届出洋学生。

1882年（光绪八年，壬午），公二十四岁。

任天津水师学堂教习。

清政府聘英海军军官琅威理名为总查实，司训练，督操綦严，海军官佐所敬惮。

注：

[1]应指康熙元年（1662），郑成功从荷兰殖民者手中将台湾收回到祖国怀抱。

[2]李凤苞时任中国海军留欧生监督。

1883年（光绪九年，癸未），公二十五岁。

任天津水师学堂教习。

1884年（光绪十年，甲申），公二十六岁。

任天津水师学堂教习。

七月，法国海军闯入闽江口，攻毁福州马尾各炮台，并击沉兵船多艘，轰毁船厂。清廷得报，下诏与法国宣战。[1]法舰队继续攻扰台湾及其附近岛屿。

是时，李鸿章以直隶督兼北洋大臣，曾国荃为两江督兼南洋大臣。北洋之船则有超勇、扬威、威远、康济、湄云、泰安、定海、海镜、镇东、镇西、镇南、镇北、镇中、镇边等；南洋之船则有南琛、南瑞、澄庆、驭远、横海、镜清、威靖、测海、开济、瀛洲、超武、靖远、龙骧、虎威、飞霆、策电、全瓯等。各归节制，不相统辖。福建尚有扬武、万年清、元凯、琛航、永保、振威、伏波、飞云、济安、福胜、建胜各船，时亦分拨浙、粤、台湾各处巡防。

七月，会办江南防务陈宝琛奏[2]请别募五六营参合中西之法，教练成

注：

[1]甲申（1884）中法马江海役是清廷福建水师与法国远东舰队在福州马江之一场海战。1883年，法国以侵占之越南为基地侵略中国，引发中法战争。1884年7月间，法远东舰队强行驶入马尾港；清廷幻想以和平方式解决。8月23日（农历七月初三）午后，法舰队伺机攻击，清水师仓促应战，仅半小时，我9艘军舰、19艘运轮船均被击沉击毁，将士700余人壮烈牺牲。苦心经营20多年之福建水师全军覆没。海战中法舰数艘受伤，死伤数十人。随后，法舰又炮创我马尾造船厂、轰毁沿江炮台及防御工事。8月26日，清廷才下诏对法国宣战。29日，法国舰队撤离闽江口。

[2]此奏折见《陈文忠公奏议》卷下《请募勇参用西法教练折》。光绪十年（1884）七月十六日，即中法马江海战后13天。

军。称：“有同文馆学生荫昌、天津水师学堂教习严宗光、萨镇冰，皆秉资明毅，洞晓泰西战法，可任以督率教练；应请旨饬下各该衙门，速遣各该员来宁，交臣差委”等语。

八月，陈宝琛又奏：[1]“前欲调严宗光、萨镇冰来南，亦以北洋教操得法，远胜南洋，故欲兼令整顿水师耳。”

1885年（光绪十一年，乙酉），公二十七岁。

仍在天津水师学堂为教习。

四月十三日，母曹太夫人卒，享寿五十八岁。

八月二十二日，父怀良公卒，享寿六十六岁。

是年八月，左宗棠卒于福州。

是年九月，命奕譞总理海军军务，沿海水师悉归其节制调遣；并命李鸿章、奕劻为会办，善庆、曾纪泽为帮办。自和局既定，筹议海防善后事宜。至是议决：先练北洋水师一支，此外分年兴办。命设海军衙门于北京，奕譞总揽全权，下设会办二人，虽为一满一汉，但一切计划悉出李、曾两人。李任直隶总督兼北洋大臣，驻保定、天津为多，故实际只曾纪泽司其事。

十二月十七日，子福均生。[2]

1886年（光绪十二年，丙戌），公二十八岁。

任威远兵舰管带。

是年，丁汝昌率定远、镇远、济远、威远、超勇、扬威六舰赴朝鲜釜

注：

[1]此奏折见《陈文忠公奏议》卷下《报巡阅情形折》，光绪十年八月二十三日。

[2]萨本仁《萨镇冰传》（海潮出版社，1994年北京版）内载《萨镇冰年表》称：福均生于1886年“十二月十七日”，需订正。原谱载，福均生于乙酉十二月十七日，应是阳历1886年1月间。

山、元山、永兴湾等处操巡。至海参威留超、扬二舰俟吴大澂戡定俄界事毕驶回，余船折赴长崎，进坞修理。水兵与日捕口角；次日放假登岸，日捕向前寻衅，堵住街巷，逢人便斫，街民亦持刀追杀，致死者五人，伤者六人，微伤者三十八人，不知下落者五人。其时，琅威理力请宣战，丁汝昌阻之，乃各聘律师讼其曲直。

1887年（光绪十三年，丁亥），公二十九岁。

任康济练舰管带。[1]

1888年（光绪十四年，戊子），公三十岁。

仍任康济练舰管带。

是年八月，海军衙门奏定官制，设提督一、总兵二、副将三、参将四、游击九、都司二十七、守备六十，千总六十五、把总九十九、经制外委四十三。

是年九月，刘步蟾以参将赴欧洲，领四快艇归，迁副将。十一月，以丁汝昌为北洋海军提督，林泰曾为左翼总兵，刘步蟾为右翼总兵。

公晋参将衔。

1889年（光绪十五年，己丑），公三十一岁。

仍任康济练舰管带。

1890年（光绪十六年，庚寅），公三十二岁。

仍任康济练舰管带。

裁福建船政大臣以总督兼管。

1891年（光绪十七年，辛卯），公三十三岁。

仍任康济练舰管带。

注：

[1]任康济练舰管带8年之久。官阶精练左营游击，相当于铁甲舰副管带。

六月，北洋海军提督丁汝昌率镇远、定远舰队赴日本。

八月，我国创立南洋、北洋、广东、福建四舰队。

是年，于威海黄泥岩增筑新式炮台，又于南岸龙庙嘴炮台外增筑北口炮台；刘公岛新筑地阱炮台，设后镗巨炮于隧道。其西之黄岛水中之日岛亦设炮台，与南岸相应。

1892年（光绪十八年，壬辰），公三十四岁。

仍任康济练舰管带。

1893年（光绪十九年，癸巳），公三十五岁。

仍任康济练舰管带。

1894年（光绪二十年，甲午），公三十六岁。

仍任康济练舰管带。

晋副将衔，北洋海军精练左营游击。

五月，朝鲜东学党乱作。

七月，对日本宣战。[1]黄海中日海战时，公调守威海日岛炮台。

八月，日军以汉城为根据围攻平壤。清军由平壤溃退。丁汝昌率海军舰队十二艘与日本舰队遇于大东沟附近，苦战半日，仅存八艘，且受损伤，退归旅顺船坞修理，后移守威海卫。日军别队乃由山东荣城湾上陆进图威海卫。

1895年（光绪二十一年，乙未），公三十七岁。

仍守威海日岛炮台。

日军入据威海西岸。公延至最后，始发一信号致旗舰请示提督丁汝昌

注：

[1]1894年，日本趁朝鲜东学党起义，出兵侵占朝鲜，并于7月对中国海陆军发动突然袭击。8月1日，中日双方正式宣战，史称甲午战争。

后，安全退出。是时西人之观战者，论公行事恒求不逾规矩，深为赞许。

二月，日军陷刘公岛，提督丁汝昌死之。[1]

派李鸿章为赴日议和全权大臣，订《马关条约》。[2]

台湾官民推台湾巡抚唐景崧为总统，宣布独立。

六月，日军攻陷台北；十月，日军攻陷台南。[3]

九月十一日，夫人陈氏卒，享年三十八岁。[4]

1896年（光绪二十二年，丙申），公三十八岁。

任吴淞炮台总台官。[5]

通济修竣北上，所有练习生及刘公岛、昆明湖各学堂生，均上船练习。

1897年（光绪二十三年，丁酉），公三十九岁。

任吴淞炮台总台官。

1898年（光绪二十四年，戊戌），公四十岁。

仍任吴淞炮台总台官。调任通济练舰管带。

注：

[1]北洋水师覆没时，萨镇冰曾与将弁数人求毒药，被拒。签降约后，率康济舰载水师将弁驶返烟台。

[2]屈辱的中日《马关条约》内容第一条即：割让台湾全岛及所有附属各岛屿和澎湖列岛给日本。

[3]《马关条约》签订后，台湾人民掀起反割台的斗争。在日军攻占台北、台南的1895年6月到10月间，台湾义军和清军官兵前仆后继与日军历经大小500多次战斗，用鲜血写下中国近代史悲壮的一页。

[4]甲午战争后，镇冰被罢职回到原籍福州。夫人陈氏又过早病故。镇冰为官清廉，本无积蓄，国恨家优，赋闲在籍，“在城内就叶绅、刘绅之聘，教习各子弟西学”。（见上海《益闻录》第18册，第200页）

[5]张之洞在江南创练自强军，设总管炮台官4员。萨镇冰被起用。

八月，太后训政，置帝于南海之瀛台。

侍郎张荫桓、徐致靖，御史杨深秀，京卿杨锐、林旭、谭嗣同、刘光第均下狱。杨深秀、杨锐、林旭、谭嗣同、刘光第及康有为弟广仁被戮。

1899年（光绪二十五年，己亥），公四十一岁。

任通济兵舰管带。

开复前北洋海军副将叶祖珪革职处分，授为北洋水师统领；公以参将为帮统。

1900年（光绪二十六年，庚子），公四十二岁。

任北洋水师帮统，兼带海圻兵舰。

五月，京师义和团事作。日本使馆书记生杉山彬及德国公使克林德先后被戕。各国以保护使馆、教士为词，调舰增兵合谋。五月二十五日，联军力索大沽炮台，守者不从，遂开炮轰击，相持竟日，沽台不守。二十七日，下诏与各国宣战。时海军各舰均在登州一带操巡，惟龙、犀、青、华四舰在大沽修配机件。适叶祖珪奉命赴津承商机要，以将有战事，令四船归队以避其锋。未及行已为联军所夺，海华管带饶鸣衢殉职焉。

清廷宣战诏下，粤督李鸿章视为乱命，不奉诏。江督刘坤一、鄂督张之洞以公文通知上海领事团，为互保东南之约，鲁抚袁世凯附之。

公时率海圻兵舰泊登州。各国舰队监视我兵舰甚严。适美国铁甲舰“洛利浦”号[1]在庙岛附近触礁，海圻根据国际惯例驶往救援；一面电告上海美国领事馆赶派船只，前往拖带出险。美舰长深表感谢，即将经过情况报告美国政府，由是美国朝野无不重公为人。

八月，联军陷北京。西太后挈帝出奔西安。

注：

[1]据萨本仁《萨镇冰传》及有关资料，应是“阿利干”号。

闰八月，派奕劻为全权大臣与李鸿章会同妥商和议，并与刘坤一、张之洞会商办理。[1]

十一月，允奕劻、李鸿章所奏和议大纲，仍命妥商详细节目。

十二月，下诏变法，禁止仇视外国商民。

1901年（光绪二十七年，辛丑），公四十三岁。[2]

仍任北洋水师帮统兼带海圻兵舰。

七月二十五日（阳历九月七日），李鸿章代表清政府与德、奥、比、美、法、英、日、荷、俄等国公使签订辛丑条约。

时议和大臣建议将天、圻、容、筹、琛五舰撤售，事垂成，经叶祖珪力争，始寝。

十月，各国联军退出京师。

十一月，太后挈帝还京师。

1902年（光绪二十八年，壬寅），公四十四岁。

仍任北洋水师帮统兼带海圻兵舰。

1903年（光绪二十九年，癸卯），公四十五岁。

统领北洋水师兼带海圻兵舰。

公奏谓：雷艇为御敌利器，与其统领未成军之快船，不若统领已成军之雷艇，与敌相见较为有隙可乘。

十二月，日俄宣战。我国宣告中立。

注：

[1]八国联军攻占北京，强迫清廷于次年（1901）订立《辛丑条约》，其中规定付给各国“偿款”海关银四亿五千万两，是谓“庚子赔款”。

[2]是年，以女淑端许海圻管旗兵陈兆汉（后海军一级上将陈绍宽之胞叔）。

1904年（光绪三十年，甲辰），公四十六岁。

仍统领北洋水师兼带海圻兵舰。

日俄战争。

1905年（光绪三十一年，乙巳），公四十七岁。

总理南北洋海军兼广东水师提督。[1]

叶祖珪卒于上海军次；公继其任，沈寿堃副之。

八月，日俄媾和条约成。

1906年（光绪三十二年，丙午），公四十八岁。

仍任总理南北洋海军兼广东水师提督。

1907年（光绪三十三年，丁未），公四十九岁。

仍任总理南北洋海军兼广东水师提督。

设海军处附于陆军部内，设正副二使、机要、船政、运筹、储备、医务、法务六司。

1908年（光绪三十四年，戊申），公五十岁。

仍任总理南北洋海军兼广东水师提督。

公请每年派船游历南洋，安抚华侨，朝议允行。

严复作《统领南北洋海军水师提督萨军门五十寿序》。[2]

秋，以美国舰队游历环球，将于十月间行抵厦门。廷旨派贝勒毓朗、外务右侍郎梁敦彦前往劳问，闽督松寿前往妥为照料。公率舰队先期赴厦门迎

注：

[1]此后，萨镇冰为重振我国海军采取一系列决策和措施（参阅林献炘《载洵、萨镇冰出国考察海军》，载全国政协文史资料研究委员会编《文史资料选辑》，1961年11月第23辑）。

[2]刊登在1908年3月19日（光绪三十四年二月十七日）天津《大公报》。

候。厦门南普陀有公石刻。

十月二十一日，光绪帝崩。遗诏以醇王载灃之子溥仪入承大统。翌日，太后亦崩。

1909年（宣统元年，己酉），公五十一岁。

正月，派耆善、载泽、铁良及公筹备海军。

闰五月，派载洵及公为筹备海军大臣，设立筹办海军事务处，度支部拨开办费七百万两，每年分筹海军费五百万两。以谭学衡为参赞。设八司：曰军制、军学、军枢、军防、军政、军医、军法、军储。南北洋收归统一，分为巡洋、长江两舰队。以程璧光统领巡洋舰队，沈寿堃统领长江舰队。

六月，以公为海军提督。

七月，载洵及公带同随员亲赴沿江、沿海各省调查，以象山为军港。会同闽浙督松寿、浙抚增蕴到象山，行开幕礼，礼毕返京。

八月，载洵及公复带随员赴欧洲各国，由英而法、而意、而奥、而德、而俄，遍阅各国海军学校及船炮厂、军港等处。十二月，取道西伯利亚铁路回京。

1910年（宣统二年，庚戌），公五十二岁。

六月，清政府命筹办海军事务大臣载洵充参务政务大臣。

七月，载洵及公往日、美两国考察海军；十月返京。计两度游历欧美各友邦，以中国特派亲贵专使调查，大有振兴海军之意，无不优加待遇；而我各省督、抚，亦分认海军经费。遂先后添置军舰，于英订造应瑞、肇和，于德订造建康、豫章、同安、江鲲、江犀，于日订造永丰、永翔。于江南船坞造永健、永绩，于杨子江造船公司造建中、拱辰、永安，于胶州船坞造舞凤各舰。此外，尚有在美订购飞鸿一艘。旋即出售其在意订造之鲸波、在奥订造之龙湍，皆因款项轇轕未交然。是时，海军颇有蒸蒸日上之望。

十月，以程允和为长江水师提督。

十一月，改筹办海军处为海军部，以载洵为海军大臣，谭学衡为副大臣，公为巡洋、长江两舰队统制。

《雁门萨氏族谱》，经公之族弟嘉曦扩充修辑，定为八卷，刊行。

1911年（宣统三年，辛亥），公五十三岁。

三月二十九日，黄兴等举事于广州。

五月，英皇加冕。驻华英使请中国派船前往与会，遂派协统程璧光乘海圻往贺。

六月，孙本远生。

八月十九日，武昌起革命。[1]

八月二十一日，清政府命陆军大臣荫昌亲率近畿新军两镇驰赴武昌；又命公率军舰，程允和率长江水师赴援。

革命军占领武昌后，新军协统黎元洪被推为鄂军都督。元洪字宋卿，黄陂人；北洋水师学堂学生，充定远船炮弁。甲午之败，元洪浮海遇救，转陆军。留学英国后，湖北筹练新军，任为协统。与公有师生之谊。公抵鄂时，有密扎往还。[2]

海容、海琛、海筹、江贞各舰，并鱼雷艇一艘，自九江来；商悬民国旗，武汉军人额手欢庆；北军不知有变，方用望远镜视察，四舰已驰过，最后雷艇驶至。北军炮台弹如雨下，鱼艇毁。海容、海筹猛攻三道桥，北军受

注：

[1]辛亥（1911）武昌起义，在阳历10月10日。

[2]此期间，黎元洪前后致书三封萨镇冰，希望他“共举义旗”。镇冰从“不屑一顾”，到“默无一言”，到第三封时“连连点头”。反映其思想转变过程。

创甚巨。[1]

福建九月十八日独立，推第十镇统制孙道仁为都督。清总督松寿自杀，将军朴寿擒杀。

九月二十六日，袁世凯组内阁成。以公为海军大臣，阁员梁东彦为外务大臣，赵秉钧为民政大臣，严修为度支大臣，唐景崇为学务大臣，王士珍为陆军大臣，沈家本为司法大臣，张謇为农工商大臣，杨士琦为邮传大臣，达寿为理藩大臣。

1912年（中华民国元年，壬子），公五十四岁。

元旦，孙文就任中华民国临时大总统于南京。改正朔以阳历纪年。一月一日，即清宣统三年辛亥十一月十三日。取五族共和主义，以红黄蓝白黑五色旗为中华民国国旗。以红旗右角镶青天白日，日有十二芒为海军旗。派黄钟瑛为海军总长，汤芗铭次之。

清帝逊位。孙大总统辞职。参议院举袁世凯为大总统，建共和政府于北京。二月十二日南北统一。

四月，特任刘冠雄为海军总长，汤芗铭为次长；以黄钟瑛为海军总司令，蓝建枢为左司令，吴应科为右司令。

任吴淞商船学校校长。

注：

[1]萨镇冰在辛亥革命历史关头，经历率舰赴鄂镇压起义、观察了解徘徊动摇到急流引退离舰而去之转变。当他派员潜入武昌打探到“革命政府每人每月支20元生活费时，连连点头，表示赞赏”。（见《清末海军史料》第725页）当他在楚有艇上瞭望，见起义军得到民众积极配合，奋不顾身英勇作战时，感叹“吾辈自服务军界以来，从未见过如此壮烈场面，足见清廷失去民心久矣”。（转引自谢俊美《武昌起义时的萨镇冰》，《华东师大学报》，1983年2期）随后，萨镇冰默许海军反正。他离舰自行引退，搭英轮至九江转赴上海。

十二月，改海军左司令为第一舰队司令，以蓝建枢任之；改海军右司令为第二舰队司令，以徐振鹏任之。海军总司令黄钟瑛卒，以李鼎新继其任。

1913年（中华民国二年，癸丑），公五十五岁。

八月14日，任命公为督办淞沪水陆警察事宜。[1]

十月六日，国会选举正式大总统，袁世凯当选。十月七日，国会选举副总统，黎元洪当选。十月十日，正式大总统、副总统就职。

十二月，海军总长刘冠雄奉命兼领福建都督。

1914年（中华民国三年，甲寅），公五十六岁。

五月九日，特派公及荫昌、王士珍为海陆军大元帅统率办事处办事员。

五月二十六日，任命公为参政院参政员。按参政院院长为黎元洪，副院长为汪大燮，参政院参政员为汪大燮、陆征祥、联芳、李家驹、张荫棠、李国杰、瞿鸿机、唐景崇、吕海寰、于式枚、熊希龄、王世征、严修、周学熙、梁士诒、梁启超、宝熙、王家襄、陈汉第、施愚、汪有龄、黎渊、陈国祥、邓镕、程树德、朱文邵、王印川、胡钧、荫昌、蔡锷、蒋尊簋、徐绍祯、王揖唐、赵尔巽、李经羲、丁振铎、锡良、袁树勋、冯煦、孙毓筠、赵惟熙、那彦图、朱小濂、李盛铎、樊增祥、姚锡光、毛庆藩、饶汉祥、阿穆尔灵圭、刘若曾、陈钰、李开侁、塔旺布鲁·克札勒、王闿运、杨守敬、劳乃宣、柯邵忞、王树枬、严复、马良、马其昶、张振勋、刘锦藻、宋炜臣、渠本翘、孙多森、李湛阳、冯麟霈、李士伟等。

刘冠雄请裁福建都督缺，奉准。旋即交卸兼领都督。

内阁改组，大总统特任刘冠雄仍为海军总长。

注：

[1]参与镇压反对袁世凯政府之“肇和舰”起义。

1915年（中华民国四年，乙卯），公五十七岁。

居北京。

五月二十五日，《中日条约》成立。[1]

十二月三十一日，改明年为洪宪元年。[2]

1916年（中华民国五年，丙辰），公五十八岁。

三月二十三日，废止洪宪年号。[3]

六月六日，袁世凯病故。七日，黎元洪就大总统任。

六月，海军总长刘冠雄辞职，特任程璧光为海军总长。

八月十一日，特派公为闽粤巡阅使。

1917年（中华民国六年，丁巳），公五十九岁。

任闽粤巡阅使，奉派兼海军临时总司令。[4]

六月，内阁改组，李经羲为总理。公为海军总长，程璧光调为海军总司令。时各督军要求解散国会，国会议员纷纷辞职。大总统因下令解散国会。长江巡阅使张勋乘机复辟。黎大总统避入法医院，密命段祺瑞为总理，并令以副总统冯国璋继任为大总统。冯副总统入京代理大总统，重组内阁。特任刘冠雄为海军总长，公为海疆巡阅使，以刘传绶为海军次长。年底，只准免公海疆巡阅使职。

注：

[1]1915年5月，袁世凯接受日本提出的企图灭亡中国的《二十一条》。

[2]袁世凯准备即皇帝位。

[3]1915年12月25日蔡锷等在云南发动护国战争，贵州、广西、广东、浙江等省先后响应。1916年3月22日袁世凯被迫宣布取消帝制，仍称大总统。

[4]坚辞不就海军临时总司令职。

八月十四日，我国对德、奥宣战。[1]

1918年（中华民国七年，戊午），公六十岁。

闽人议清乡谋督办，适林仲宜舰长战舰在马江，与船政局长陈铿臣，二人中推一人为正，一人副之，而二人互相让，改推公为之。由陈衍领衔用无线电达都，请派。未几，公入闽，以黄菊山副之。

五月十一日，闽粤发生战争。

九月，任福建清乡督办。

九月一日，北京国会选举徐世昌为大总统。

十一月十一日，协约各国与德国签定休战条约。

1919年（中华民国八年，己未），公六十一岁。

二月，各国设海陆军讨论会于巴黎。公奉派为大员，旋复作罢。

十二月三日，内阁改组，公任海军总长；外交为陆征祥，内务为田文烈，财政为李思浩，陆军为靳云鹏（兼），司法为朱文深，交通为曾毓隽，农商为田文烈（兼）；陆征祥未到任前，陈箓暂代外长。

十二月二十八日，前代理总统冯国璋在京病故。

1920年（中华民国九年，庚申），公六十二岁。

五月十四日，特任公暂兼代理国务总理。内务为田文烈，交通为曾毓隽，海军为公自兼，外交由次长陈箓代，财政为李思浩，陆军由次长罗开榜代，司法为朱文深，教育由次长傅岳芬代，农商由次长江天铎代。

六月二十九日，我国加入国际联盟。

七月十四日，直皖战争开始。[2]

注：

[1]1914—1918年帝国主义国家两大集团间为重新瓜分世界而进行的第一次世界大战期间，1917年中国也参加协约国参战。1918年德国最后被迫投降。

[2]北洋政府期间，军阀派系间为争夺权力而进行的国内局部战争。

八月十二日，粤桂战争开始。[1]

八月，公辞海军总长兼代国务总理本兼各职。旋内阁改组，靳云鹏出任总理。公仍留任海军总长。时颜惠庆署外长，张志潭署内长，周自齐署财长，靳云鹏兼署陆军，董康署法长，范源濂署教长，王乃斌署农商，叶恭绰署交通。

十月十一日，林葆怿宣布南北海军统一。

1921年（中华民国十年，辛酉），公六十三岁。

五月，公卸海军总长职，以李鼎新继任。

五月五日，孙文就非常大总统职于广州。

九月，严复卒于福州。

1922年（中华民国十一年，壬戌），公六十四岁。

奉大总统令，授肃威上将军。

四月至五月，直奉第一次战争。[2]

六月，内阁改组，海军总长李鼎新继续就职。

十月二日，徐树铮在福建延平[3]通告设立建国军政制置府。十二日，孙中山领导的粤军许崇智部入福建，联合王永泉赶走李厚基。李厚基逃入军舰；十三日，李厚基部史廷飏反攻福州失败。

十月十三日，黎元洪政府派公会办福建军务。十月十五日，任公为福建省长。

十月十六日，公因人民公举，通电暂任临时省长。

十月二十五日，黎政府派李厚基为福建讨逆军总司令，公为副司令（公

注：

[1][2]北洋政府期间，军阀派系间为争夺权力而进行的国内局部战争。

[3]延平，即南平。徐树铮，北洋皖系军阀，政客。

坚辞不就），高全忠为闽军总指挥，进攻徐树铮。

十一月三日，福建各团体电告徐树铮于即日离闽；取消制置府。八日，推选王永泉接任福建总司令，林森接任福建省长。[1]

公创设福州贫民医院。

十二月，海军上将刘冠雄为福建镇抚使。

1923年（中华民国十二年，癸亥），公六十五岁。

一月二十一日，明令取消福建讨逆军总司令，停止援闽军队进行。责成公及刘冠雄、孙传芳办理主客各军善后事宜。裁撤福建督军缺，着李厚基来京另候任用。

二月八日，福州军民大会举公为福建省长。

三月一日，公就福建省长职。

三月十五日，公及刘冠雄联名通电，就中央所任；办理福建善后事宜职。

三月二十日，令派孙传芳督理福建军务善后事宜，王永泉为帮办。

注：

[1]1922年到1923年间，福建曾出现由孙中山任命的省长和由北洋政府任命的省长，即同时存在两个“福建省长”和围绕福建省宪是“倒林拥萨”抑是“维林排萨”之政治风波。1922年10月，孙中山举荐林森为福建省长，林于11月8日就职。觊觎闽政的王永泉与北洋政府任命的福建省长萨镇冰联手，使林森失去军事屏障而无法控制局面。经孙中山电允，林森于1923年2月8日交卸权力，萨乃主持闽政。其实，围绕福建省宪，实际是皖奉等派系间为割据需要而谋求法律依据之口实。既非林萨两人个人之恩怨，更非萨恋栈权位。此间萨曾两度电请辞去省长之职，举荐杜锡珪、杨敬修前来主闽。（参阅林伟功《林森与“倒林拥萨”事件》，载《海峡两岸林森研讨集》，海潮摄影艺术出版社，2004年12月版）

十月五日，北京议员吴景濂等开总统选举会，曹锟当选为总统。十月十日，曹锟入京就总统职，并公布“宪法”。

1924年（中华民国十三年，甲子），公六十六岁。

五月五日，孙传芳召集善后会议，自为会长，推公为副会长。

四月七日，任周荫人帮办福建军务善后事宜。

四月，闽王永泉盘踞省垣，拥兵专恣。海军徇闽民之请，联合友军协力驱除。王永泉率部离省，拟往漳、泉勾结驻厦之臧致平部扰乱闽局。驻闽军舰及陆战队扼要分防，跟踪追击于福清以南至涵江一带，王部狼狈败窜，省垣以安。同时，臧致平占据厦门，闽局仍紧。派练习舰队司令杨树庄暂兼闽厦警备司令，督同海容、应瑞等舰暨陆战队第一团进厦门，臧败而遁。东山、金门各县相继克复，闽疆始获奠定。

五月十三日，特派孙传芳为闽粤边防督办，周荫人督理福建军务善后事宜。

九月至十一月，奉直第二次战争。

九月二十日，裁撤闽粤边防督办及浙江督军两缺，特任孙传芳督理浙江军务善后事宜，兼闽浙巡阅使。

十一月三日，曹锟通告退职。

十一月，段祺瑞出任执政，内阁改组，以林建章为海军总长。

1925年（中华民国十四年，乙丑），公六十七岁。

仍任福建省长。

肃威路成。后建肃威萨公堂，萨嘉曦作记云：“肃威路者，海军上将萨公鼎铭任福建省长时所开辟之马路也。原夫旧址俗称为马房巷，湫隘尤甚，西偏及居民之屋宇，东偏则督署之围墙内余地，一并划出，以扩充马路。既毕工，董其事者即以萨公之勇号名其路。其时，督署有裴公祠，香火极盛。民众以出人弗便，请公划隙地以祀神灵。越十余年，于民国癸未年（1943）

由里人集资建裴祠一座，又审曲面势，建屋三楹，奉萨公肖像于其中，颜之曰：肃威萨公堂，亦聊寄纪念之意云尔。至是，里人得叨厦庇者佥曰：微萨公之力不及此。爰嘱嘉曦叙其颠末，冀垂久远。余惟萨公大名震耀寰球，凡造福之区不仅在于桑梓。今驱车而过斯路，睹周道如砥，乔木参天，其德政之设施，于兹略见一斑。方之古召公之甘棠遗爱，夫岂多让乎哉！遂泚笔而为之记，俾书之于壁。”

一月十六日临时执政令孙传芳督办浙江军务，周荫人督办福建军务。

二月，海军总司令杜锡珪因病卸职，以杨树庄为海军总司令；李景曦为海军练习舰队司令；许建廷为海军第二舰队司令；海军第一舰队司令周兆瑞另有任用，免职。以陈季良为第一舰队司令兼闽厦海军警备司令。

三月十二日，孙中山先生逝世。

四月，福州发生镇压学生运动事件。[1]

七月一日，国民政府正式成立于广州。

注：

[1]1925年春，福建省学生联合会为支援民间抵制买卖劣质的美国产盐渍黄泽鱼，散发传单进行反帝爱国宣传。4月7日，福州各校学生请愿示威游行。在省长公署，发生了警察镇压学生的事件，史称“四·七福州惨案”。此次事件，当时报纸有不同报道，实际上，有数人受伤，并无死人；事实渐得澄清。事后，萨作为省长，没有推卸责任。4月10日，他向北洋临时政府提出辞职，但“仍电萨慰留”。（见《民国日报》1925年4月12日）。有关考证资料，请参阅《“四·七”事件的几份历史资料》（作者叶翔，载《福州社会科学》，1994年第3期）、《“福州惨案”史实出入的原因及订正》（作者叶翔，载《福州社科研究》，1989年第4期）、《追忆1925年4月8日的福州事件》（作者徐星者，即徐天胎，载福建省政协《文史资料选编·历史篇》）。

1926年（中华民国十五年，丙寅），公六十八岁。

一月，内阁改组。杜锡珪出任海军总长；因事留护。次长吴绅礼先行就职，并代行部务。

六月，海军总长杜锡珪就职。海军次长吴绅礼辞职，以谢葆璋继职。

六月二十三日，杜锡珪就兼代国务总理职。

七月六日，杜代阁开第一次阁议，即用国务院摄行总统令，特任蔡廷干为外交总长。张国淦继任内务，罗文干任司法。

九月十五日，周荫人在福州就五省联军第四方面军总司令。

十月五日，以财政总长顾维钧代理国务总理。

十一月三十日，福建张毅军分水陆迫近福州。海军及省防司令联合击之，张军被缴械。

十二月二日，福州宣布服从党政府。周荫人向浙边退却。

冬，卸省长职。[1]往南港办理赈灾，赈救灾民，乡之民颂之。

1927年（中华民国十六年，丁卯），公六十九岁。

在南港散赈并督导灾民建屋、造桥及开辟马路。

有《游南港有感》诗："面山背水万顷田，于今开辟过千年。无穷地利谁能识，但顾村人解举贤。"《喜南港苏州桥落成》："回忆当年病涉时，寒天没胫剧堪悲。桥成今日诸无苦，来往行人险化夷。"

一月三日，福建临时政治会议成立，何应钦、戴任、江董琴、何玉书、陈季良、方声涛、黄展云、丁超五、王允恭等为委员，何应钦代理主席。

三月四日，杨树庄在吴淞口宣布就革命军海军总司令职。

注：

[1]萨镇冰自此次卸福建省长职后，在民国期间，不再出任政职。

1928年（中华民国十七年，戊辰），公七十岁。

仍居南港。

二月，福州南港九十三乡人民于公所建之苏州桥上特建萨公长寿亭。既成，并作记纪之[1]云："中华民国十七年仲春，前福建省长海军上将军萨公七十揽揆之辰，乡之父老戴公之德，佥谋所以寿公者。于是因公所造之苏州桥而傅以亭，名之曰长寿亭，祝公永永寿命；而公之滂仁弘义，帲幪吾乡者，亦以志焉。丙寅冬，闽方有事，张毅弃漳泉之地，悉引兵趣省城；会有堵遏之者，乃窜入南港。南港者，江流盘折之处，沿岸九十三乡。是时，庐舍田园焚毁蹂躏，一无完土；男女死六十余人，其逃匿山中者，坑谷皆满；或渡江以避，舟不能容。自古灵、瓜山至于新岐，衡纵二十里，炊烟断绝，匪惟猪鸡芋菽之属，殄灭无遗；即草根树皮亦几于尽矣。迨张军投械受遣，乡人始逡巡归；而居无室、食无粮，野有积尸，无以为殓。公闻之大戚，罄己财一千缗，遣人分道驰验，赈其尤急者；更邀请绅富，醵金六万有奇，立福州兵灾救济会，无家者收容之，无食者廪给之，死无以葬者随所在掩瘗之；或赠棉衣，或施医药，以及称贷济渡，纤悉毕具。寻又亲勘灾区，筹久远之计，募于中外人士，曰南港兵灾善后会，复得十万金。辟南通之马路以恢商业，建沂源之兵房以戢盗氛。古雷、罗厝、盛汉、莲湖、潘盛、美潘、祚边、上浮洋、新坡村、东厝尾，凡民房被毁者，悉为营构，无使失所。他如通商、惠工、安康之路，苏坂、池月、利运之桥，皆公是营，不督不期，役者自勤。越数月，皆卒事。计公生平志愿，欲以经纬区宇者，乃不得遂，而阜恩施于乡曲，此殆有天焉。曾子固《越州赵公救灾记》以谓其施在越，

注：

[1]《萨公长寿亭记》撰者张一琴。（参阅萨本珪《有关萨镇冰的几块碑记》，《福建史志》，1988年第2期）

其仁足以示天下；其事虽行于一时，其法足以传后。如公所为，吾不知于赵公何如？其足以示天下、传后世，无可疑也。”

1929年（中华民国十八年，己巳），公七十一岁。

有《元旦偶作》诗云：“不耕而食愧当时，不织而衣亦不宜。一日健康须努力，闻人疾苦为扶持。”

经漳厦赴龙岩施赈。[1]有《游漳州诗》云：“漳州富庶甲南闽，入境欣看气象新。商业骈臻知物阜，士风高尚见民淳。田佳菽粟无愁乏，海近鱼盐不谓珍。或涉重洋成巨贾，往来万里若交邻。”

四月十二日，国民政府明令设立海军部，以杨树庄为部长，陈绍宽为政务次长。六月一日，海军部正式成立时，部长杨树庄兼任福建省政府主席，由次长陈绍宽代理部务。

十月，特派杜锡珪为考察欧、美、日海军专员。

1930年（中华民国十九年，庚午），公七十二岁。

仍居龙岩。[2]

有《游龙岩》诗云：“清晨初日挂前山，万缕炊烟起堞间。鸟语数声闻小院，岚光四面绕荒关。儿童未解乱离苦，士卒空嗟征戍艰。到处干戈仍不

注：

[1]此期间，红四军两次入闽创建闽西革命根据地。红军转移后，萨镇冰受国民党政府委托，经漳厦赴龙岩“施赈”。是时，他怨讟国民党政府对黎庶的苛征，又将红军视为“赤祸”、“邪说”。在《闻龙岩遭劫有感》诗云：“岩疆黎庶苦苛征，近岁频闻怨讟声。引寇无端招赤祸，献城由是误苍生。丧心邪说人偏信，逆耳忠言众莫明。遂使村庄遭浩劫，流亡载道苦为情。”（见《福建文史资料》第5辑，陈贞寿《萨镇冰生平及其轶事》，1981年）

[2]1930年农历正月初七，镇冰假适中荆花别墅设宴，邀请适中诗友吟唱诗会，参与唱和者百余首，汇编成册（见龙岩县适中乡《文史资料》）。

定，但逢马策与刀环。”《游龙岩洞》诗云：“龙岩一望郁苍苍，乘兴来游陟彼冈。两道虬松如宿卫，数楹古刹亦昂藏。摄裾入洞凉风袅，携杖寻幽小草香。过客纪游诗宛在，循环读罢只神伤。”

十月，杜专员锡珪考察欧美、日本各国海军、航空事业，均已告竣，乘日本邮船返国。

1931年（中华民国二十年，辛未），公七十三岁。

游龙岩之适中。

九月十八日，日本藉口中村事件突袭沈阳，并进踞东三省。

十二月二十二日，蒋中正辞国民政府主席兼行政院长，离京。林森被推为国府主席。

冬，龙岩适中亦筑肃威路，既成，并建立肃威上将军纪念碑亭；郑丰稔撰文、勒石。《肃威亭碑记》云：“以方召元老安危系属之身，而蹈风鹤频惊治安莫保之地，又非如专制之世，受命大府，行止不得自由，徒以数十万生民，拊循噢咻，不忍舍之而去，如肃威上将军萨公鼎铭之于龙岩为不可及矣。公以民十九年秋，来岩散赈，时四郊尤多反侧，城庙烽火，频频告警，公居危城中，以一童子执役，处之怡然。“一六”之变，防军遽撤，公夤夜偕数千难民，徒步避适中止焉。省当道函电以速其行者，无虑数十起，公皆一笑谢之。自是居适中数阅月，暇则临池咏诗，以翰墨自娱，急则部署乡团，为宁御计。……呜呼！世之所谓大人先生者，吾知之矣！其居恒计利害，工趋避，优游以窃时望。一旦盘错当前，则闻命错愕，逡巡却颜，以避之。甚至百计卸责，自处以安，而予人以危者，比比皆是。此其为人以视公何如也。夫自古名贤足迹所至，其郡邑志乘，往往争先记载，侈为美谈，若公之于龙岩，散赈筑堡，实惠在民，尤非泛常流寓可比，则其遗爱，宁有穷期。岩人于城西建亭一座，署曰肃威，复琢词碑石，以永公德。其词曰：彭泽一饭，冥报为期，感深次骨，当厄之施，此皆甘人，以杀为戏。嗟我岩人，欲哭无泪。使星有耀，炯炯三台，曰徯我后，萨公其来。公谓岩人，绸缪及早，寇警日深，所恃惟堡。粥人于路，所济几何？以彼易此，获益孔多。海亦可枯，石亦可烂，维口载碑，万古璀灿。”（载《龙岩县志》，1945年版）

有《适中度岁》诗云：“村中岁暮雨霏霏，地僻天寒过客稀。漠漠水田环土堡，苍苍山阪对柴扉。短檐开卷心常泰，净几题诗兴欲飞。忽报岭头梅已放，扶筇且去迓春晖。”

1932年（中华民国二十一年，壬申），公七十四岁。

一月一日，统一政府成立。一月，海军部长杨树庄专任福建省政府主席，辞部长职。奉令特派政务次长陈绍宽为海军部部长，一日就职。

三月六日，蒋中正任军事委员会委员长。

春，游闽西各县。有《游闽西感赋》诗云：“浪迹天涯白发生，遐陬伏处盼承平。入春雨足溪流急，过午烟销树色清。即景成诗邀客和，问心无愧任人评。偷闲还试村中酿，醉卧松窗万事轻。”

秋，游闽东各县。驻霞浦，以工代赈；冬，疏浚河道。留有浚河诗碑。[1]

赴罗源鉴丰一带施赈。民众于鉴江立碑“衽席吾民”纪念之。

驻福鼎秦屿救灾，筑堤，民称“萨公堤”，又募款于太姥山筑石路，民称“萨公岭”；均勒石纪之。

1933年（中华民国二十二年，癸酉），公七十五岁。

游闽东各县。

注：

[1]《疏河诗》：“疏河大禹古称仁，此日松城步后尘。万众辛劳天不负，功成千载利斯民。”（此诗碑，今保存在福建省霞浦县文化馆内）

有《由霞浦往游太姥山》诗云："赶程常起早，逢榻便酣眠。地迥惊秋易，楼高得曙先。青黄万顷稻，浓淡几村烟。太姥山初见，鲤峰遥插天。""宁为觅仙翁，奔波太姥东。二三游侠客，一个孝廉公。避雨持斋久，联吟寄兴同。五更闻念佛，万虑亦俱空。"

十一月四日，林主席抵福州；十三日，离闽返京。

十一月二十二日，中华共和国人民革命政府在福州成立。发表公为延建省省长，但未到任。[1]

十二月，海军上将杜锡珪卒于沪邸。国民政府于是月三十日明令优恤。

十二月三十一日，陈季良赴闽指挥海军作战。

1934年（中华民国二十三年，甲戌），公七十六岁。

蛰居福州。

一月，国民政府委员、前海军部部长、海军上将杨树庄在沪捐馆。国民政府明令优恤。

一月十日，海军收复厦门；十一日，陈绍宽率舰由沪赴闽。

一月十二日，任命陈仪为闽主席。

一月十三日，十九路军退出福州。十四日，陈绍宽、陈季良入福州。十五日，十九路军退集漳泉。十六日，中央军入福州；二十一日克漳州，二十六日入泉州。三十日，十九路军改编为东路"剿匪"军第七路军。

二月五日，陈仪就福建省政府主席职，派王正廷监誓。

1935年（中华民国二十四年，乙亥），公七十七岁。

居福州。

注：

[1]史称"福建事变"、"闽变"。萨镇冰在成立大会上发表讲话。人民革命政府成立后，遭蒋介石军队镇压。翌年初，闽变失败。

公及族弟嘉曦续修《雁门萨氏家谱》，定为八卷；并撰谱序云：“镇冰自管领海军后，扬历中外，及奉使五洲，垂数十年。念祖宗祠墓弗获及时展拜，族间父老兄弟踪迹不免阔疏。比年以来，供职桑梓，矢敬恭之义，未敢遽萌退志。暇日于先人茔兆依次缮修，于宗祠则重新补葺，于支祠则重整规条。于是岁时伏腊，蒸尝报本，得与诸同宗共事趋跄；退而燕毛序齿，阖族联欢。向以踪迹阔疏为之憾者，今则同气相亲，何幸如之。顾吾宗族谱，当宣统庚戌岁，经嘉曦宗弟扩充修辑，定为八卷，记载翔实，蔚为大观。庚戌迄今又历二十六载，亟应续行增订，仍谋之嘉曦，按前次例言，以类编修；不数月间，即告成书，付之梓人，以便家备一编，藉资数典。大学云：一家仁，一国兴仁；一家让，一国兴让。窃愿同宗之人于仁与让两字加之意焉！推而行之，则天下治矣！谨弁简端，以告族人，并以告世之人。”

1936年（中华民国二十五年，丙子），公七十八岁。

游东北各省，并转往山西雁门故乡。

有《游雁门》诗云：“远越关山来代郡，为探先世旧家乡。居人闻讯殷相问，劝我停骖意绪长。”

公创立之福州贫民医院，改称平民医院。

1937年（中华民国二十六年，丁丑），公七十九岁。

三月十二日，海军部长陈绍宽奉派为参加英王乔治六世加冕典礼副使。四月二日陈绍宽赴英，部务由政务次长陈季良代行。

七月七日，日军炮轰宛平芦沟桥，抗日战争爆发。陈绍宽正在各国考察海军。闻警飞航回国，策划应战。

七月十九日，驻闽日总领事下旗归国。

八月十四日，国民政府发表声明，实行自卫。

八月二十八日，驻厦门日领事下旗归国。

十月，福建省政府请公前往南洋考察经济，并宣慰侨胞。有《赠马来亚侨胞》诗云："海外逐劳尘，侨胞蔼可亲。郊游情倍挚，夜宴品尤珍。国事殷勤问，行踪次第询。自惭无建树，枉作座中宾。"（末句一作"错认作佳宾"。）

十一月二十日，国府移驻重庆，宣告中外继续抗战。

十二月，福建省政府主席陈仪兼任驻闽绥靖主任。

1938年（中华民国二十七年，戊寅），公八十岁。

一月一日，海军部奉令暂行裁撤，归并海军总司令部办理；并以陈绍宽为海军总司令。海军部遂于一月三十一日结束。

二月二十四日，福州首次遭敌机轰炸。

春，公考察南洋；宣慰侨胞事毕，取道安南回国。[1]

五月，福建省政府迁治永安。

五月十一日，日本海陆军进犯厦门，激战两日，厦门失陷。

夏，由鄂入川，历经重庆、成都、嘉定等处。有《次赵尧生韵》诗云："城楼近接碧山阿，秋雨连宵添女萝。午憩洞中消署好，夜欹枕上梦游多。寇氛未泯忧难释，民困犹深唤奈何？尚望邦人能努力，同心同德勿偏颇。"

秋，福州泉山萨公仁寿堂落成。[2]

有《戊寅冬月感赋》诗云："神州此日正多才，如卉逢春次第开。那管东来风雨恶，出墙红杏自低回。"

注：

[1]1938年4月，在新加坡期间，与棋坛圣手谢侠逊巧遇，联名呼吁世界反侵略运动大会、万国象棋会，遣责日本帝国主义侵华，吁请各国人民援华抗日。安南，今越南。

[2]萨公仁寿堂者，福州乡梓故旧陈兆锵、陈培锟等数十人醵资于城北泉山之麓购建一堂，因其栋宇而新之，以献公80寿诞。

1939年（中华民国二十八年，己卯），公八十一岁。[1]

仍游四川各地。

受族侄福楙之邀，赴北平福楙家中小住数月后。返福州；不久，由福建省政府派员护送复，往重庆。

秋，由陈绍宽安排公下榻海军总司令官邸。逾月，往西安领略古都风貌，下榻中国旅行社西安招待所。在西安时，曾乘驴车探往延安；半途被西北军政长官朱绍良派员迫其折返西安。旋回重庆。复由陈绍宽托水雷制造所所长曾国晟安排公到湖南辰溪休养。公在辰溪一年多，时邀闽籍同仁作折枝诗吟酬之乐。此期间，诗作较多。

1940年（中华民国二十九年，庚辰），公八十二岁。

历游湖南、贵州等地。

三月上旬，应海军学校之邀前往黔北桐梓。

三月十日，在海军学校向全体师生作《我在海军界求知和服务的经过》[2]演讲，激励师生献身中国海军建设，同心抗战，报效祖国。

1941年（中华民国三十年，辛巳），公八十三岁。

孟夏，公诗集《古稀吟集》印行。陈海瀛自福州呈诗代序云："将军长句若长城，竟病诗成世已惊。东海鲸鲵闻破胆，九关虎豹看销声。风骚自足千秋业，耄耋能行万里程。（川、黔、滇、湖，行迹几遍。）他日平倭修战

注：

[1]萨镇冰在1939—1941年间行状记事，摘录自萨本仁编著《萨镇冰传》（汕头大学人文科学丛书之三，海潮出版社，1994年北京版）及《福建文史资料》第5辑，曾国晟回忆文章《萨镇冰在辰溪》。

[2]载民国二十九年（1940）5月15日海军《整建月刊》第1卷第2期。

史，同仇袍泽识威名。”有林秉周在硖州为公《古稀吟集》作序及公自序于安江。

四月十九日，日军以飞机掩护在福建连江小埕、长乐梅花、福清松下数处登陆激战，长乐县城失陷。四月二十日，琯头、长门、营前中日激战，日占罗星塔，侵入峡兜，福州遭轰炸。连江、福清县城失陷。四月二十一日，日军侵入福州市区，福州沦陷。

八月二十六日，保安部队克复福清县城。九月三日拂晓，我军克复连江、长乐；六时，进占洪山桥，八时三十分收复福州。

九月九日，福建省政府新主席刘建绪与旧主席陈仪举行正式交接印信典礼。

十二月八日，英、美对日宣战。

1942年（中华民国三十一年，壬午），公八十四岁。

游贵州、湖南等处。

1943年（中华民国三十二年，癸未），公八十五岁。

有《癸未春闻太平洋有战事感赋》诗云：“太平洋面起狂澜，两岸居民感不安；差幸同盟维大计，出师万里济时艰。”

由黔入蜀转游陕甘各省。有《秋日游草海》诗云：“西风驱黄叶，草海浪花浮。欲觅栖仙洞，爱登刳木舟。归鸦驮夕照，征雁下寒流。地僻无烽火，聊为汗漫游。”

八月一日，国民政府主席林森于晨七时零四分病逝陪都。由蒋委员长中正代理国民政府主席。

十月十日，蒋中正就任国府主席。

1944年（中华民国三十三年，甲申），公八十六岁。

在甘肃，游兰州、凉州（今武威）等处。

有《甲申仲春偶作》诗云：“丁年浮海乘桴去，饱阅沧桑到耄龄。出没死生尝破浪，登临险阻每披星。夏消酷暑云为幕，夜泊穷溟岛作屏。晚岁游踪经陇蜀，涛声只许梦中听。”有《游凉州》诗云：“游旌回忆憩凉州，千仞祁连一望收。日暮钟声萦古郭，雨过树色满前邱。长城北越山丹境，驿路西通玉塞头。秦代民工何处是，颓垣万里度春秋。”有《甲申除夕》诗云：“七九消寒夜，残年见立春。灯花先报喜，万象诘朝新。”

九月二十七日，日寇机、舰犯连江海岸，二十八日连江沦陷；迄二十九日连江城郊仍在激战。

十月三日，福州第二次沦陷。十月五日，长乐亦沦陷。

十月，闽侯改称林森县，十日正式命令。

1945年（中华民国三十四年，乙酉），公八十七岁。

五月十八日，光复福州。五月十九日，光复长乐县。六月九日，光复福鼎县。

四月十二日，美国总统罗斯福在乔治亚州逝世，杜鲁门继任总统。有《怀美国前总统罗斯福公》诗云：“意诚心正复身修，天下为怀合万流。四统联邦征望重，独回世运仗才优。勋名彪炳垂千古，德泽涵濡遍五洲。百折不挠成大业，主持人道援同舟。”

六月，公鉴于福州失学青年甚多，特托郑贞藩筹办国粹中学，以资培育。

八月八日，苏联对日宣战。

八月十五日，中、美、英、苏四国正式公布日本无条件投降。

公在甘肃兰州油矿局，有立马留照。游肃州（今酒泉）、甘州（今张掖）。日本投降后，经重庆，旋飞往上海，候轮回闽。

有《闻日本乞降感赋》诗云：“满地干戈今已定，人心欣慰万方同。降王应悔当年错，盟主洵为一代雄。骨暴沙场枯更白，血沾甲胄久还红。蓬莱此日荒凉甚，败瓦颓垣遍海东。”

十月，收回台湾，以陈仪为台湾省行政长官。

十一月，福建省政府还治福州。

十二月三十一日，海军总司令部结束，由军政处海军部接收。

1946年（中华民国三十五年，丙戌），公八十八岁。

一月十日，公由沪抵榕。

丙戌人日后二日，公赴同宗新年团拜暨回闽欢迎会，侄伯森有诗。有《次韵和伯森侄》诗云："时艰犹自逞雄姿，独挽狂澜尚可期。饱阅沧桑增感慨，遍游中外广闻知。兴邦在望心常壮，接物无私意不疑。为厌浮辞崇实语，爰将怀抱寄于诗。"

二月，出游闽南各地。有《到仙游偶作》诗云："避乱八年余，奔波万里路。虏平始入都，时人笑迟暮。春中复出游，摇鞭穿绿树。世事尚茫茫，岂能拂衣去。"

在福州城内朱紫坊萨宅及仓前山竹园各小住数月；七月，入居城北泉山仁寿堂。[1]

1947年（中华民国三十六年，丁亥），公八十九岁。

居福州。

有《仁寿堂诗并序》云："戊寅之岁，余年八十。里中诸君子暨旧时袍泽为集赀筑堂，名曰仁寿。时余方西游，自是由蜀而滇、桂、湘、黔、陕、甘，逾八年始归里，即居斯堂。乃赋小诗纪之，并以为谢：群公昔日建华堂，仁寿为名意绪长。使我耄年身有托，倚栏及见国威扬。"

公应福建佛教界人士之请，向海内外募款筹建福建佛教医院，并被推举

注：

[1]仁寿堂址在福州市鼓楼区中山路北端中山堂西侧，当时地址称：千古法地3号。

为董事会董事长。[1]

1948年（中华民国三十七年，戊子），公九十岁。

居福州。

正月，照立马小影一帧。自题云："行年九十，壮志犹存。乘兹款段，北望中原。"有《戊子元旦》诗云："仁寿堂中岁序新，不胜感慨忆前人。清香满座梅初放，九十年华自接宾。"又有《戊子正月初三》诗云："仁寿堂前景物幽，沧桑饱阅此归休。泉山壁立亭台迥，九十年华不远游。"

公之诗集《客中吟草》、《里门吟草》数小册，先后陆续印赠亲友。

戊子正月初六，同宗新年团聚，[2]到者四十余人，族长怀卿诏嘉曦制"九十寿言"为公寿。

为公九十寿辰，侄兆桐（伯森）、兆寅（士武）同编年谱献祝，并先制印简明年表分赠国内外各界。

陈兆锵、陈培锟等撰送《海军上将萨公仁寿堂记》，并勒碑石于堂侧。堂记云："萨公仁寿堂记。仁寿堂者，海军上将萨公燕居之所也。往岁戊寅，公年八十，都人士及旧时袍泽相聚而谋曰：'何以寿公？传之无斁。'乃购泉山左近马氏宅，因其栋宇而新之。修者崇者狭者广者悉如制，五阅月而堂成。董其役者，陈君培锟也。时方有日本兵事，公亦不遑宁处，先赴南

注：

[1]佛教医院址在福州鼓东路开元寺比邻。萨伯森著《福建佛教医院始末略记》（载《识适室剩墨》，2003年版）。1950年，佛教医院改为大众医院，即今福州市人民医院（中医院）。

[2]入闽（福州）萨氏同宗，每于岁首在族长家中（是时族长居福州城内西门街水陆轩京果店后进；清代旧式民居结构，前后共四进）举行新春团拜。20世纪30、40年代，族长萨怀卿，入闽萨氏第十五世；镇冰与嘉曦，均入闽萨氏第十六世。

洋，旋入蜀，历滇、桂、湘、黔、陕、甘，凡八稔。兵解始归而居之。今岁戊子，公九十矣。曩欲寿公者，复相与谋曰：‘寻常颂辞，非所以厚公也；堂成而记阙如，亦非所以重工事也。’以属兆锵，谓兆锵少公三岁，齿相埒，又夙隶舟师也；则敬诺。窃思公之名德虽远在友邦，闻者慕思，见者心折。其为政治军也，若总理国务，若管领海军，若主持省政，一本宽柔，士民悦服；其与人也，无贫富贵贱，皆谦而礼下之；其为善也，若耆欲，无食者食之，无衣者衣之，无所归者庐舍之。自奉则觳薄如寒素然。惟其外臞而内腴，斯能老而不衰，非所谓仁者寿欤！今也，山堂起居，人将曰：‘堂之奕奕，可以宴客；堂之穆穆，可以聚族。’而公则忧人之优，乐人之乐，无日不往来于方寸间。斯人也，斯堂也，其天资之，地毗之，而以绎来兹乎。爰书于石，俾勿坏。”[1]

三月，公九十寿辰时，福州各界祝寿委员会以“高远”二字征诗，得卷万余本，在南台吉祥山作折枝诗宣唱会；公亲自到会，参加宣唱。到者千

注：

[1]“海军上将萨公仁寿堂碑”，在碑文后刻有献者姓名如次：“海军轮机中将陈兆锵拜撰，福建省参议会议长丁超五拜书，陈绍宽、杨敬修、陈培锟、高登艇、雷寿彭、吴山、李世甲、李午亭、丘汉平、陈遵统、林柏棠、王孝泉、史家麟、杨廷玉、林鼎华、沈笋玉、韩玉衡、杨逾、李熙年、方茔、陈海瀛、魏锡滋、黄荫（碑文如此。注者疑是“黄荫亭”之漏误。黄荫亭，名曾樾（1898—1966），永安县人，是福州市建市（1946）的第一任市长）、庄公辅、陈煦、陈调农、张乃武、王康年、李允彬、林衡可、毛一丰、林心恪、黄震亚、林瑊、林肇宏、陈国瑜、张寅、陈景焜、陈国璆、石纪麟、王赓年、蔡达三、陈子奋、曾克光、李向樟、郭颎、刘学基、郑贞藩、方嬉藩同敬献。中华民国三十七年四月谷旦。”《萨鼎铭先生年谱》初稿，只记述至1948年春季止。

人，盛况空前。陈海瀛为寿堂撰联云："山号吉祥，诗人高会；堂称仁寿，将军远名。"

公九秩将届之时，子福均（时64岁），孙本远（时38岁）回榕祝寿。三代亲人团聚座谈，皆操英语。盖本远久居美国，不晓福州方言，普通国语亦生疏。而其祖其父均娴英语，乃得畅所欲言。福均、本远只在福州稍住旬日。福均即离榕赴铁道部工作，本远复出国矣。

夏，公应聘为福州红十字会会长。

夏末，福州特大水灾。公向华侨募款，并亲自施赈；将被洪水冲坏之东门外晋安桥，重新修建，以利交通，历三阅月始毕。

1949年（中华民国三十八年，己丑），公九十一岁。

仍居福州泉山仁寿堂。

常鬻字以润笔之资济人，求之者众，尤以华侨为甚。公只书七言或八言联对，少书立轴，不书条幅。公不嗜烟酒，亦罕谦客，偶与亲友中之年老者，作叶子戏，[1]遣闷而已。

四月二十二日，中国人民解放军渡过长江；二十三日，南京解放。

四月，中共中央社会部谢筱乃率员由香港到福州建立工作站，以联络和争取国民党党、政、军、警人员参加"第二战场"工作。在福州，先从争取德高望重的海军耄宿萨镇冰、陈绍宽做起。参与"联络"的陈书麟亦资深之海军人员，在此间即拜望过萨镇冰，萨态度明朗坚定，表示决不去台湾；也劝告陈绍宽不要去台湾。[2]

注：

[1]"叶子"是福州民间一种纸牌，称"四色牌"。玩此牌，俗称"钓鱼"、拍"风缸"、拍"四色"。

[2]参见萨本仁《萨镇冰传》，及转引陈书麟《陈绍宽与中国近代海军》，海洋出版社，1989年版，第82—83页。

“福建青年解放军”成员卢金山、邓敬熙等，在这一年夏天亦为争取萨镇冰留在大陆、支持解放事业做了有意义的工作。[1]

四月，公以皮肤病入福建佛教医院疗治。

七月二十六日，南京国民党政府副总统李宗仁自广州飞往衡阳，中午续飞至福州，受到福建省主席朱绍良欢迎与款待。翌晨，李宗仁带吴石中将等到佛教医院看望镇冰。即说：“此次因公来闽，并得蒋总裁寄语，与上将致意。且说形势变化难测……蒋总裁敦请即往台湾暂住……请即决定行期”等语。镇冰以病坚辞。[2]李宗仁亦回忆称：“……我在福州住了两夜，曾拜访海军宿将萨镇冰。此公已九十高龄而精神矍铄，令人生敬。后闻为中共迎养……尊为上宾。”[3]

李宗仁来医院探视萨镇冰劝驾未果后，镇冰避居吉庇巷姻亲家，以免国民党纠缠；并命其老随从许宗康迅速转知在胪雷的陈绍宽，促其亦速避。

八月十七日，福州解放。午后，解放军二军官到佛教医院求见萨镇冰，镇冰立即出来接见。并说：“我是敬爱中国共产党的，早就盼望你们到来。”相对大笑。军官取出文稿一纸，说：“您是著名好人，说话人皆相信，此稿请看；如同意，即签字。”镇冰阅毕，取笔署名交之。在傍之族侄

注：

[1]参见萨本仁《萨镇冰传》第166—167页。陈志宏（即卢金山）《萨镇冰向我党起义的经过》，1987年10月手稿；及萨本岷《爱国爱民，一身正气》（载《福州社会科学》1994年第3期）。

[2]萨伯森《李宗仁特访萨镇冰纪实》（载福建省政协《文史资料选编》第4卷《政治军事编》，福建人民出版社，2002年8月版，第312—313页）。萨本仁《萨镇冰传》（海潮出版社，1994年北京版，第162—163页。但该文将此内容写在1948年，有误。李宗仁是在1949年夏访问萨镇冰的）。

[3]《李宗仁回忆录》（下册），广西人民出版社，1980年版，第1002—1003页。

伯森见是欢迎解放军之公告，亦表示欣慰。

十七日傍晚，福州东街口、南门兜、大桥头等处贴出由萨镇冰、卢金山、刘通、何震、丁超五、陈培锟、史家麟等七人署名的拥护共产党、解放军解放福州的安民告示。

福州解放后，镇冰欣然出院，回居泉山仁寿堂。

九月，被邀为中国人民政治协商会议特邀代表。因年迈体弱，未克入京。

十月一日，中华人民共和国宣告成立。定都北京。

镇冰被任为中国人民政治协商会议全国委员会委员，中央人民革命军事委员会委员，中央华侨事务委员会委员，福建省人民委员会委员等职。

新中国诞生，使髦耋高龄之镇冰欣喜感慨万分。有许多诗章颂扬，如"群英建国共乘时，此日功成举世知。薄海人民同吐气，遐方草木亦含滋。关西旧治资开展，河北新都便主持。虽在髦年闻喜讯，壮心忘却鬓如丝"。"……春日出门花似锦，江干赏景柳如烟。何期及见新邦盛，偃武修文在眼前。"

1950年（庚寅），公九十二岁。

居福州泉山仁寿堂。

仍任上述各职。

1951年（辛卯），公九十三岁。

居福州泉山仁寿堂。

仍任上述各职。

《耄年吟草》刊行。有《国庆颂诗》云："中华解放两周年，耕者而今各有田。治匪法严无报警，救邻师壮尽称贤。一生劳动功为巨，四海和平志益坚。愧我颓龄难建树，小诗奉祝助宣传。"

镇冰身历三朝，饱尝帝国主义对我国侵略之苦。所以，抗美援朝之胜利，公更是感慨万千。公作诗云："师入三韩大有声，海东形势一番更；美军屡败终难振，华裔方兴孰敢轻。"

1952年（壬辰），公九十四岁。

居福州泉山仁寿堂。

仍任上述各职。

镇冰晚岁常对亲友谈及台湾是中国之疆土。盼望台湾回归，祖国统一。公晚岁诗作中，多述及台湾宝岛。如《台湾义勇队》、《收回台湾纪念次陈玉老韵》、《收回台湾纪念》三首七绝等。他诗中云："国疆昔小而今大，民治虽分终必联。人类求安原有道，俗情狃旧尚无边。忘怀富贵心常乐，从事勤劳志益坚。所望群公齐努力，相扶世运顺乎天。"

四月，镇冰老病加剧。仍卧读马列主义著作，亲友见其疲惫，劝其休息。公称："朝闻道，夕死可矣！"七日，病重，入福建省立医院治疗。问视者络绎不绝。族侄伯森、侄孙女本崐、侄福钱、福熙等及老随从许崇康（依八），日侍榻旁。时任福建省人民政府副省长之陈绍宽，日日来视，肃立病榻前，慰问甚勤。

镇冰终以年迈体弱，药石无验。于四月十日晚上十时，在福建省立医院寿终正寝，享年九十有四。

四月十一日，萨镇冰先生治丧委员会组成。委员陈毅、粟裕、程潜、萧劲光、沈钧儒、陈叔通、李维汉、张鼎丞、叶飞、陈辛仁、陈绍宽、丁超五、刘培善、曾镜冰、林植夫、孟东波、彭冲十七人。当日发出讣告。

四月十一日上午五时，将镇冰灵柩送福建省中苏友好协会大礼堂（即原中山堂）安放灵位。九时入殓。省长张鼎丞及本省党政军各首长、各民主党派、人民团体负责人咸来参加。

四月十二日，毛泽东主席、周恩来总理、宋庆龄、何香凝、李济深、肖劲光等发来唁电。计收到中央、华东区、各省首长唁电十余件，国内外（含海外华侨）唁电函札百余件。

四月十九日上午八时，在省政协礼堂举行公祭。主祭人张鼎丞，与祭者叶飞、陈绍宽、丁超五、曾镜冰、林植夫诸首长，各界代表及家属亲友三百余人。祭文云："你是我国海军的前辈，一生廉朴，礼贤下士。福州解放，先生获悉人民政府的各种政策，深庆中国的新生。老而益壮，积极参加人民民主事业。美帝国主义发动侵略朝鲜战争及霸占台湾后，先生为保卫祖国与世界和平，不断呼吁。正当全国人民继续加强抗美援朝工作，福建人民集中各方力量致力加强国防，建设和平民主幸福的新生活之际，不幸先生竟此长逝，这是我们深引为哀悼的。"

十九日上午十时，出殡，葬于福州西门外梅亭山，附葬于其父怀良公"乔梓寿域"。[1]

萨镇冰谢世半个月后，子福均回福州到父墓前祭拜。并遵其父遗嘱将萨公仁寿堂捐献福建省人民政府。[2]

1952年4月，福建省人民政府在距萨镇冰墓地山下一里外之公路傍立一墓道碑。碑文："中国人民政治协商会议首届全国委员会委员，中央人民政府人民革命军事委员会委员，中央人民政府华侨事务委员会委员，福建省人民政府委员会委员萨镇冰先生墓道。"墓道碑花岗岩质。总高3.56米，宽1.24米，厚0.18米。碑石左侧刻："萨镇冰委员附葬父怀良先生墓。"碑石右侧刻："公元一九五二年四月。"

2005年6月

注：

[1]萨镇冰墓在福州市西门外梅亭和峰山，解放军172医院围墙内之后侧山坡上。

[2]福建省人民政府将仁寿堂原屋改作省商业厅职工宿舍，至今留存。只是堂前的鬻字亭和一片果园以及东侧园边围墙，均被拆除，紧挨原堂，改建为多层楼房。

原有的木构亭式仁寿堂在周边高层楼房阻挡之下，又经半个多世纪的沧桑，没有修葺，已十分破损难堪，难以辨认。堂内两层厅、房，被隔成十来间小房间，至今仍住有多户人家。如不细心寻找，连我们过去居住在这里的人们，都不易确认这就是当年海军耆宿萨上将的晚岁燕居之仁寿堂。1998年4月鼓楼区人民政府将仁寿堂旧址“核定公布为第四批区级文物保护单位”，并勒石于冶山“九曲”原建筑物之后侧墙旁。至于原立于堂侧的“海军上将萨公仁寿堂碑”，至今不明下落。（请参阅《福州晚报》2010年10月19日“闽海神州B1”专栏中《冶山慕古》，周建国　文/图）

参考书目：

1.《清史稿》

2.《东华录》

3.《清史纲要》

4.《清史纪事本末》

5.《新编民国史》

6.《船政奏议汇编》

7.《梁燕孙年谱》

8.《叶遐庵年谱》

9.《陈文忠公奏议》

10.《希微室文集》
11.《寄庐文集》
12.《雁门萨氏家谱》
13.《船政奏议续编》
14.《海军大事记》
15.《海军实纪》
16.《海军部成立五周年纪念特刊》
17.《中国年鉴》
18.《中国六十年大事记》
19.《第二次世界大战大事记》
20.《福建通志》
21.《新福建》
22.《福建十年》
23.《严几道年谱》
24.《陈石遗年谱》
25.《萨起岩乡试珠卷》
26.《萨嘉乐乡试珠卷》
27.《光绪壬辰京报》
28.《政府公报》
29.《时事月报》
30.《纪游吟草》
31.《客中吟草》
32.《里门吟草》
33.《耄年吟草》
34.《萨鼎铭先生历年日记》
35.《侍闻偶录》

纪念诗、文、碑、记书目参考

1. 严复《统领南北洋海军广东水师提督萨军门五十寿序》
2. 郑孝胥《海筹舟中赠萨君镇冰》
3. 陈禅心《海军歌——呈海军诗人萨镇冰上将》
4. 陈宝琛《镇冰公七十寿言》
5. 蔡凤机《肃威上将军海军上将鼎公省长七秩寿序》
6. 谢冰心《记萨镇冰先生》
7. 张一琴《萨公长寿亭记》（1926年）
8. 郑丰稔《肃威亭碑记》（1930年）
9. 鉴江镇全体人民《罗源鉴江鉴丰施赈功德碑》（1932年）
10. 萨嘉曦《福州肃威路记》（1943年）
11. 陈海瀛《萨公仁寿堂记》（1948年）
12. 陈贞寿《萨镇冰生平及其轶事》
13. 曾国晟《萨镇冰在辰溪》
14. 陈贞寿《航海家萨镇冰的性格和作风》
15. 戴学稷《萨镇冰平议》
16. 陈志《简论萨镇冰》
17. 高翔 王植伦《严复笔下的萨镇冰》
18. 萧忠生《萨镇冰与慈善事业》
19. 戚俊杰《甲午威海卫港保卫战中的萨镇冰》
20. 范启龙《清末海军与辛亥革命——兼论萨镇冰的态度》
21. 郑国珍《萨镇冰与辛亥革命》

22. 林萱治《萨镇冰在辛亥革命中——黎元洪致萨镇冰第二信》
23. 林恩燕 金章《辛亥革命中的萨镇冰》
24. 徐星者《追忆1925年4月8日的福州事件》
25. 叶翔《“四·七事件”的几份历史资料》
26. 陈锦谷《萨镇冰与福建事变》
27. 刘映红《福建事变时的萨镇冰》
28. 陈孝华《萨镇冰与南京国民政府关系的几个问题》
29. 陈道章《萨镇冰的成功之道》
30. 郑寿岩《唯有苍松尚耐冬》
31. 徐文彬《儒者与战将的归一——论萨镇冰慈善事业》
32. 林献炘《戴洵、萨镇冰出国考察海军》
33. 徐君爵《中国船政的风云人物——萨镇冰》
34. 佚名《萨镇冰》，载《现代中国名人外史（其一）》。
35. 阮道明《萨镇冰与西溪》
36. 汤鸣统《萨镇冰在永安》
37. 陈书萍《童年的回忆——记萨镇冰伯伯在酒泉来我家作客》
38. 《请募勇参用西法教练折（光绪十年七月十六日）》、《报巡闽情形折（光绪十年八月二十三日）》，载《陈文忠公奏议·卷下》，第47—56页。
39. 陈书麟《陈绍宽与中国近代海军》，海洋出版社，1989年。
40. 林萱治《福州马尾港图志》，福建地图出版社，1984年。
41. 陈贞寿《图说中国海军史》，福建教育出版社，2002年。
42. 陈道章《船政研究文集》，福建电子音像出版社，2006年。
43. 陆远《海军耆宿萨镇冰的悲欣人生》
44. 张作兴主编《船政文化研究》（第1辑—第4辑）
45. 朱华主编《船政文化研究》（第5辑—第6辑）

46. 汪应果《海殇》，东方出版社，2007年。
47. 《情报战线上的一支尖兵——“福建青年解放军”始末》，载《华东情报史专题选辑》。
48. 萨伯森《泉山萨公仁寿堂记》，载《识适室剩墨》，第281页。
49. 萨伯森《萨镇冰先生轶事》，载福建省政协文史委员会编《文史资料选编》，福建人民出版社，2002年。
50. 萨伯森《仁寿老人起居锁记》，载《识适室剩墨》，第302页。
51. 萨伯森《福建佛教医院始末略记》，载《识适室剩墨》，第305页。
52. 萨伯森《李宗仁特访萨镇冰纪实》，载福建省政协文史委员会编《文史资料选编·政治军事编》，福建人民出版社，2002年。
53. 萨福熙《伯父萨镇冰晚年二三事》
54. 萨本崐《爱国爱民，一身正气——忆伯祖父鼎铭公的晚年生活》，载《福州社会科学》，1994年第3期。
55. 萨本珊《忆叔祖萨镇冰的为人》，载《福州社会科学》，1994年第3期。
56. 萨本仁《大爱无涯——慈善家、社会活动家萨镇冰》，载《船政文化研究》，2007年第5辑。
57. 萨本珪《船政人萨镇冰》，载《船政文化研究》，2003年第1辑。
58. 萨本珪《陈宝琛力荐严复、萨镇冰加强南洋水师而未果——记甲申中法马江海役后的一段史料》，载《船政文化研究》，2004年第2辑。
59. 萨本珪《萨镇冰曾亲身参加甲申中法马江战役吗》，载《福建学刊》，1991年第1期。
60. 萨本珪《萨镇冰立马三照》，载《福州老照片》，鹭江出版社，1998年。
61. 萨本仁《亲爱精诚，爱国抗战——记萨镇冰在桐梓海校的演讲》，载《船政文化研究》，2006年第4辑。
62. 萨本珪《寻访萨镇冰在福州的足迹》，载《福建民族》，2000年4月。

63. 萨本辉《萨镇冰与朱紫坊萨家大院》。

64. 萨本淳《对<萨镇冰年表>的一处质疑》，载《雁门萨氏族谱》（2007年续修版）。

65. 萨本仁《萨镇冰传——一生跨越四个历史时期的近代爱国海军宿将》，海潮摄影艺术出版社。

66. 萨支辉 萨本仁《锐舰：海军耆宿萨镇冰传》，天津人民出版社，2007年。

67. 萨本茂《纪念萨镇冰先生》，载《福州社会科学》，1994年第3期。

68. 《萨镇冰传》，载《福州市志》（2000年版）。

69. 王植伦《萨镇冰》，载中共福州市委宣传部、福州市社科所编《福州历史人物》，1988年第1辑。

70. 《萨福均略传》，载《福州市志》（2000年版）。

71. 《关于萨镇冰后裔情况的两封信》，载《雁门萨氏族谱》（2007年续修版）。

后 记

《仁寿堂集》，本来是给镇冰公诞辰150周年的一份献礼。适有福州经济技术开发区文体局愿意联袂，复因区局人事更迭，资金滞缓，乃延缓三载得以问世。选集付印过程，十九世孙媳许氏荔萌做了大量的协调工作。选集的付梓，庶可体现留存文献的初衷，诚感欣慰。

诚如3年前在《前言》中说的，镇冰公享年九十四，经历沧桑，宦海沉浮。《仁寿堂集》的文字和图照，从一个视角反映出中国近现代海军百年史。遥忆63年前（1940）他在贵州桐梓海校演讲中所说："深望今后能集中力量，集中意志，共同担负建军的使命。……建军必成，是可为诸君预祝的。"联想今日，我国航母试航，巡洋"保钓"，公定含笑于九泉也。

对我雁门萨氏族人而言，镇冰公诗礼传家，一生慈善，泽滋后辈，风范长存。读《仁寿堂集》，想见其为人。学公为人，不忘祖典，珍惜今日，勤勤未来，诚所至望至祝。

入闽萨氏十八世孙本珪谨记

十九世孙支申侍校

二〇一三年二月，岁在癸巳春日

图书在版编目(CIP)数据

仁寿堂集/萨本珪,吴聿建主编. –福州:海峡文艺出版社,2013. 11
ISBN 978-7-5550-0179-9

Ⅰ.①仁… Ⅱ.①萨…②吴 Ⅲ.①萨镇冰(1859–1952)–文集 Ⅳ.①Z426

中国版本图书馆CIP数据核字(2013)第268046号

仁寿堂集

萨本珪 吴聿建 主编
责任编辑 郑咏枫
助理编辑 莫 茜
出版发行 海峡出版发行集团
海峡文艺出版社
经　　销 福建新华发行(集团)有限责任公司
社　　址 福州市东水路76号14层　**邮编** 350001
发 行 部 0591–87536797
印　　刷 福州青盟印刷有限公司　**邮编** 350012
地　　址 福州市晋安区新店镇新店村新连路1号
开　　本 787毫米×1092毫米 1/16
字　　数 220千字
印　　张 15.5
版　　次 2013年11月第1版
印　　次 2013年11月第1次印刷
书　　号 ISBN 978-7-5550-0179-9
定　　价 68.00元